国家社会科学基金一般项目
"数字贸易国际规则的新发展及中国法律对策研究"
（17BFX216）阶段性成果

华东政法大学中国自贸区法律研究院系列研究成果之一

New Development of International Rules for
DIGITAL TRADE

数字贸易
国际规则的新发展

李 晶 ◎主编

北京大学出版社
PEKING UNIVERSITY PRESS

图书在版编目(CIP)数据

数字贸易国际规则的新发展/李晶主编. —北京:北京大学出版社,2022.9
ISBN 978-7-301-33225-2

Ⅰ. ①数… Ⅱ. ①李… Ⅲ. ①国际贸易—电子商务—研究 Ⅳ. ①F740.4

中国版本图书馆 CIP 数据核字(2022)第 145133 号

书　　　名	数字贸易国际规则的新发展 SHUZI MAOYI GUOJI GUIZE DE XIN FAZHAN
著作责任者	李　晶　主编
责 任 编 辑	孙维玲　姚沁钰
标 准 书 号	ISBN 978-7-301-33225-2
出 版 发 行	北京大学出版社
地　　　址	北京市海淀区成府路 205 号　100871
网　　　址	http://www.pup.cn　新浪微博:@北京大学出版社
电 子 邮 箱	zpup@pup.cn
电　　　话	邮购部 010-62752015　发行部 010-62750672 编辑部 021-62071998
印 刷 者	北京虎彩文化传播有限公司
经 销 者	新华书店
	965 毫米×1300 毫米　16 开本　13 印张　175 千字 2022 年 9 月第 1 版　2025 年 2 月第 3 次印刷
定　　　价	48.00 元

未经许可,不得以任何方式复制或抄袭本书之部分或全部内容。
版权所有,侵权必究
举报电话:010-62752024　电子邮箱:fd@pup.cn
图书如有印装质量问题,请与出版部联系,电话:010-62756370

前言

20世纪末以来,伴随着互联网、大数据、云计算等现代信息技术的迅猛发展,数字贸易作为一种新型贸易形式在全球快速兴起,逐渐成为推动全球经济增长的新动力。近两年受新冠疫情影响,居家办公、在线教育、线上娱乐等服务的需求和供给不断攀升,进一步推动了数字贸易的发展。

当前,世界主要国家都高度重视数字经济发展,抢抓新一轮科技革命和产业变革新机遇,而数字贸易的虚拟性、监管难等特点对其发展所需的制度环境提出了更高要求。目前WTO框架下没有形成具有全球约束力的数字贸易规则框架,为了掌握数字时代国际贸易规则的话语权和领导力,许多国家和地区相继出台了数字贸易国家(区域)战略,并完善国内立法。数字贸易规则成为国际经济贸易中各方博弈的焦点,是国际竞争的新赛道。

现行数字贸易国际规则的发展主要分为三个层面:一是在传统的多边贸易体系下开展的电子商务和数字贸易规则的制定与谈判。例如,联合国国际贸易法委员会第四工作组一直致力于电子商务的立法，制定了《联合国国际合同使用电子通信公约》《贸易法委员会电子商务示范法》《贸易法委员会电子签字示范法》和《贸易法委员会电子可转让记录示范法》等。而在WTO框架下，至今已有86个成员方参加了WTO提出的电子商务联合声明倡议。二是在日益发展的自由贸易协定中纳入数字贸易章节，如《全面与进步跨太平洋伙伴关系协定》（CPTPP）、《区域全面经济伙伴关系协定》（RCEP）和《美国－墨西哥－加拿大协定》（USMCA）等均包含电子商务或数字贸易章节。三是制定专门的数字经济或贸易协定，如2019年《美日数字贸易协定》（UJDTA），2020年《澳大利亚－新加坡数字经济协定》，2020年新加坡、智利、新西兰三国签署的《数字经济伙伴关系协定》（DEPA），以及2022年《英国－新加坡数字经济协定》等。

上述数字贸易规则谈判主要集中于贸易便利化、市场准入、关税与数字税、数据跨境流动、知识产权保护、可信赖的互联网环境和数字营商环境等议题，但具体到不同的制定主体，谈判关注的重点和追求的目标则各有侧重。本书主要以联合国、WTO、美国和欧盟的数字贸易规则为研究对象。从规则的发展来看，联合国和WTO为数字贸易确立了基本的规则框架，谈判各方在电子签字、电子认证、无纸化交易、增进电子商务便利化等议题上达成共识，但在跨境数据流动、源代码保护和数据本地化等方面分歧较大；欧盟内部数据立法和其主导的国际协定则强调在确保数字经济发展和数据跨境流动的基础上，应关注对个人数据和隐私的保护。美国主导的《跨太平洋伙伴关系协定》（TPP）以及USMCA和UJDTA，则体现了数字领域的"美式模板"，强调数字贸易自由化。

据中国工信部发布的中国数字经济和数字贸易相关发展报告，2021年中国数字经济规模达到45.5亿元人民币，占GDP比重的39.8%。2020年中国数字贸易整体规模为4万亿元人民币，同比增长9.3%。这标志着中国已成为全球数字贸易大国，未来国际贸易格局的变化和利益的分配将更多取决于系统性规则与制度的构建。目前，在国内法层面，《中华人民共和国电子商务法》《中华人民共和国网络安全法》《中华人民共和国数据安全法》和《中华人民共和国个人信息保护法》等法律已经构建起中国数据治理的基本框架；《关键信息基础设施安全保护条例》《网络安全审查办法》和《数据出境安全评估办法》等法规条例则进一步完善了数据治理的中国方案。但与欧盟的《数字市场法》《数字服务法》以及美国的相关立法相比，中国在数字贸易方面的立法仍有不足。在国际层面，中国正以开放的心态积极参与制定数字贸易国际规则，中国已完成 RCEP 的核准程序，正在申请加入 CPTPP 和 DEPA，以加强数字经济领域合作。

总的来看，未来国家间在数字贸易规则上的竞争将继续加强，全球数字贸易将迎来规则重构关键期。

本书系统梳理了联合国、WTO、欧盟和美国的电子商务和数字贸易规则，体现出如下特色：第一，在按照数字贸易规则制定的主体和时间脉络进行梳理的同时，本书还分析了规则谈判过程中出现的主要争议点，通过对历史的回顾厘清现实的立场。第二，本书不仅研究数字贸易规则本身的规定，也关注各制定主体一贯在数字贸易方面的政策与战略，探究其规则形成的动因。第三，本书还对美国和欧盟的数字贸易规则进行了研究，同时从国内和国际层面展开，既分析其国内规则的形成与发展，也探究他们在数字贸易领域的国际规则及合作实践。

本书由李晶担任主编并负责校对工作，各章的具体分工是：朱道琴负责第一章，吴松阳负责第二章，费薇负责第三章，高建树负责第四章，张冰负责第五章。此外，黄子益、周洲和李妍等同学也参与了本书的资料搜集和整理工作。

本书写作之初，华东政法大学中国自由贸易区法律研究院贺小勇院长给予了大力支持，北京大学出版社的王业龙主任为本书的出版也提供了诸多便利。在本书的出版过程中，本书的责任编辑姚沁钰老师和孙维玲老师均付出了辛勤的劳动，在此一并向他（她）们表示衷心感谢！

数字贸易规则的发展瞬息万变，在本书成稿之后，涉及数字知识产权、平台治理与中介责任、数字税、人工智能、数字货币等内容的规则仍然会不断涌现，未来仍需跟踪研究。编写和梳理数字贸易领域的规则是本书主编的初步尝试，虽几经审稿和校对，书中仍可能有错误或不当之处，希望得到读者和同行的批评指正。

李　晶

2022 年 7 月

目 录

第一章 联合国数字贸易规则的发展 …………………… 001
- 第一节 《电子商务示范法》介绍 …………………… 002
- 第二节 《电子签字示范法》介绍 …………………… 009
- 第三节 《电子通信公约》介绍 ……………………… 014
- 第四节 《电子可转让记录示范法》介绍 …………… 019
- 第五节 相关的解释性法规 …………………………… 022
- 第六节 《贸易法委员会关于网上争议解决的技术指引》介绍 …………………………………… 024
- 第七节 关于使用和跨境承认身份管理和信任服务的条文草案介绍 ………………………………… 029

第二章 WTO数字贸易规则的发展 ……………………… 039
- 第一节 电子商务概述 ………………………………… 039
- 第二节 WTO体制下有关电子商务规则及政策 …… 042
- 第三节 有关电子商务规则的谈判回合 ……………… 049
- 第四节 WTO协议与电子商务 ……………………… 057
- 第五节 WTO体制下电子商务议题的焦点问题分析 ………………………………………………… 062

第三章 美国数字贸易规则的发展 ……………………… 072
- 第一节 美国对数字贸易的定义 ……………………… 072
- 第二节 美国的数字贸易相关政策 …………………… 074

第三节 美国与数字贸易有关的国内法律 …………… 088

第四章 **美国参与数字贸易国际规则制定的实践** …………… 107
第一节 美国参与数字贸易国际规则制定概况 ……… 107
第二节 美国数字贸易国际规则中的一般问题 ……… 113
第三节 数字产品的待遇 …………………………… 118
第四节 数据流动相关议题 ………………………… 125
第五节 数字贸易的国内规制 ……………………… 131
第六节 数字贸易的规制合作 ……………………… 138

第五章 **欧盟数字贸易规则的发展** …………………………… 143
第一节 欧盟相关数字市场战略 …………………… 143
第二节 欧盟数据保护机构 ………………………… 146
第三节 欧盟个人数据与非个人数据保护规则 …… 156
第四节 欧盟电子商务规则 ………………………… 168
第五节 欧盟网络信息安全规则 …………………… 176
第六节 欧盟的电子商务增值税和数字税 ………… 184
第七节 欧盟与其他国家的跨境数字贸易规则 …… 186

第 一 章
联合国数字贸易规则的发展

1966年,联合国大会通过表决设立了联合国国际贸易法委员会(简称"贸法会"),大会赋予贸法会促进国际贸易法逐步协调和统一的总任务。贸法会工作方案中各项专题的实质性筹备工作通常分配给工作组。

目前贸法会设立了以下六个工作组:第一工作组负责中小微型企业,第二工作组负责争议解决,第三工作组负责投资人与国家间争议解决的改革,第四工作组负责电子商务,第五工作组负责破产法,第六工作组负责司法拍卖船舶。①

其中与数字贸易规则相关的主要是第四工作组。其历届会议的议题如下:国际流动票据(1973年至1987年)、国际支付(1988年至1992年)、电子数据交换(1992年至1996年)、电子商务(1997年至今)。可见,从1997年开始,电子商务作为信息迅速发展的产物,在贸法会的工作中占据着重要地位。

截至2021年3月,贸法会关于电子商务的立法主要包括以下文件:

(1)公约:2005年《联合国国际合同使用电子通信公约》(简称

---

① 联合国国际贸易法委员会网站,https://uncitral.un.org/zh/homepage,2019年3月28日访问。

《电子通信公约》)。

（2）解释性法规：2007年《增进对电子商务的信心：国际使用电子认证和签名方法的法律问题》、2019年《关于云计算合同所涉主要问题的说明》。

（3）示范法：1996年《贸易法委员会电子商务示范法》（简称《电子商务示范法》）、2001年《贸易法委员会电子签字示范法》（简称《电子签字示范法》）、2017年《贸易法委员会电子可转让记录示范法》（简称《电子可转让记录示范法》）。

（4）立法指南和建议：1985年《就计算机记录的法律价值向各国政府和国际组织提出的建议》。

（5）其他：关于使用和跨境承认身份管理和信任服务的条文草案（尚未通过）。

其中，1985年的《就计算机记录的法律价值向各国政府和国际组织提出的建议》是贸法会向各国政府和国际组织所提出的，有关拟订贸易方面法律条文的意见。贸法会建议各国在各自权限范围内审查与自动数据处理有关的规则，以便消除在国际贸易中使用自动数据处理方法的不必要障碍。但该建议已经被之后的《电子商务示范法》和《电子签字示范法》所取代。①

第一节 《电子商务示范法》介绍

一、简介

为了向各国立法者提供一套国际公认的规则，消除因非书面电文所带来的法律障碍，为电子商务创造比较可靠的法律环境，贸法

---

① 《就计算机记录的法律价值向各国政府和国际组织提出的建议》（1985年），https://uncitral.un.org/zh/texts/ecommerce/legislativeguides/computer_records，2019年3月28日访问。

会于 1996 年通过了《电子商务示范法》。该法是世界上第一个有关电子商务的统一法规，对与电子提单有关的电子数据交换（EDI）和电子通信手段做出了一些规定。《电子商务示范法》适用于在商业活动方面使用的、以一项数据电文为形式的任何种类的信息，虽然不具有强制约束力，但也为各国在制定电子商务法规时提供了示范文本。

《电子商务示范法》分为两部分，第一部分涉及电子商务总则，第二部分涉及特定领域中的电子商务，主要是货物运输中使用的电子商务内容。《电子商务示范法》的主要条款阐明了不歧视、技术中性和功能等同等法律概念，还明确了以电子方式签订的合同的订立和有效性、数据电文的归属、确认收讫和确定发出、收到数据电文的时间和地点等规则。不过《电子商务示范法》仅为一部"框架"法律，还需技术性条例做补充，因此可以将其看作一项无终止的文书。[①]

《电子商务示范法》确立了电子商务法律制度的基本原则，包括不歧视、技术中性和功能等同。这些原则组成了电子商务法律制度的基石，也成为各国在进行电子商务立法时的核心，并在此基础上不断补充与完善。此外，《电子商务示范法》还体现了当事人自主权原则，其第一部分第三章"数据电文的传递"所载规则属于缺省规则，一般适用于当事方之间的协议。当事人可采用此部分规则作为缔结协议的依据，当契约条款偶有缺漏时，可使用这些规则补充协议条款。在开放式网络通信等通信当事方并未事先订立协议而交换数据电文的情况下也可将其作为基本标准。《电子商务示范法》第一部分第二章"对数据电文适用法律要求"所载规定的性质有所不同，它在某种程度上可被看作是一批有关法律事务处理形式既定规则的

[①] 《贸易法委员会电子商务示范法及其颁布指南》（1996 年），https://uncitral.un.org/sites/uncitral.un.org/files/media-documents/uncitral/zh/mlec_c_v05-89449_ebook.pdf，2019 年 3 月 28 日访问。

例外,表述了最低限度可接受的形式要求,并且应被视为是强制性的,除非这些条款另有明文规定。但这种"最低限度可接受的形式要求"不应解释为各国需要订立比《电子商务示范法》所载更加严格的要求。①

应当指出,《电子商务示范法》的某些规定已由 2005 年《电子通信公约》按照新近的电子商务做法作了修改。此外,《电子商务示范法》中涉及货物运输方面的电子商务的第二部分也已得到包括《联合国全程或部分海上国际货物运输合同公约》(简称《鹿特丹公约》)在内地其他法律文本的补充,贸法会今后可能会在这方面开展更多工作。②

二、主要内容

（一）电子商务合同的成立

电子商务方式是由买卖双方通过电子数据传递实现的,其合同的订立与传统商务合同的订立有许多不同之处,因而需要对电子商务合同的成立作出相应的法律调整。

《电子商务示范法》承认自动订立的合同中要约和承诺的效力,肯定数据电文的可接受性和证据力,对数据电文的发生和收到的时间及数据电文的收发地点等一系列问题均作了示范规定,为电子商务的正常进行提供了法律依据。③

---

① 《贸易法委员会电子商务示范法及其颁布指南》(1996 年),https://uncitral.un.org/sites/uncitral.un.org/files/media-documents/uncitral/zh/mlec_c_v05-89449_ebook.pdf,2019 年 3 月 28 日访问。

② 《〈贸易法委员会电子商务示范法〉(1996 年) 附 1998 年通过的附加第 5 条之二》,https://uncitral.un.org/zh/texts/ecommerce/modellaw/electronic_commerce,2019 年 3 月 28 日访问。

③ 沈根荣:《国际电子商务立法的发展进程及特点》,载《国际商务研究》2000 年第 2 期。

(二)消费者保护规则[①]

贸法会在规定《电子商务示范法》的适用范围时特别注明,它并不废止旨在保护消费者利益的任何法律规则。可见,该示范法并不妨碍任何旨在保护消费者的法律规则的适用。该示范法在脚注中亦提出,任何此类消费者保护法均可优先于《电子商务示范法》,立法者应考虑颁布实施《电子商务示范法》的法规是否适用于消费者,至于哪些个人或公司应被视为"消费者"的问题,应留给《电子商务示范法》之外的适用法律处理。

1998年,贸法会通过了《电子商务示范法》新增条款,即第5条之二"以提及方式纳入条款",该条规定"不得仅仅由于信息未载入据称产生法律效力的数据电文而只是在该数据电文中提及,因而否定其所具的法律效力、有效性和可执行性",其目的在于提供指导,提示旨在便利于运用电子商务的法律如何处理下述情况:在某一数据电文之中虽然没有全文写入某些条款条件,而仅仅有所提及,这些条款条件也应得到承认,确认它与全文载入数据电文一样,具有同等法律效力。该条文一方面可以方便在电子环境中应用"以提及方式纳入条款",针对传统上关于"以提及方式纳入条款"的法规是否适用于电子环境下的以提及方式纳入,消除许多法域在这方面普遍存在的不确定性;另一方面也确认了保护消费者的法律或其他具有强制性的本国法或国际法不应受到干扰。

(三)个人资料保护规则

《电子商务示范法》对个人资料的保护也进行了规定。根据其第10条规定,文件、记录或信息可通过数据电文的方式予以留存,但必须满足3个条件:一是所含信息可以调取,以备日后查用;二是按其生成、发送或接收时的格式留存了该数据电文,或以可证明能

[①] 《贸易法委员会电子商务示范法及其颁布指南》(1996年),https://uncitral.un.org/sites/uncitral.un.org/files/media-documents/uncitral/zh/mlec_c_v05-89449_ebook.pdf,2019年3月28日访问。

使所生成、发送或接收的信息准确重现的格式留存了该数据电文；三是留存能够辨认数据电文的来源、目的地、发送与接收的日期和时间的任何信息。①

《电子商务示范法》第 13 条规定了数据电文的归属问题，若发端人发送某一数据电文，则认为该数据电文来源于发端人，须受该电文的约束。如果收件人运用了一种事先经过发端人同意的核对程序，结果妥善核实发端人是电文来源，则推定该电文是发端人的电文。这包括两种情形，一种是发端人与收件人已经商定好一种核对程序，另一种情形是发端人单方面确定或经过与某一中间人的协议确定了一种程序，并同意凡符合该程序要求条件的数据电文，均承担受其约束的义务。② 该法第 14 条规定，在发端人发送一项数据电文之时或之前，发端人可以要求收件人承认收到其数据电文。如发端人未与收件人商定以某种特定形式或某种特定方法确认收讫，可通过足以向发端人表明该数据电文已经收到的方式来确认收讫。如发端人已声明数据电文须以收到该项确认为条件，则必须向发端人充分表明电子数据已被接受。发端人也可以任何通信方式声明数据电文的接受承认是有条件的，如果发端人在特定时间或协定时间没有收到承认的数据电文，或者没有特定时间或协定时间，那么发端人可以通知收件人表明没有收到承认，并指定一个必须收到承认的合理时间。如果数据电文没有在特定时间或协定时间收到，那么发端人可以通知收件人，并视为没有发出数据电文，或者行使其具有的其他权利。此外，如果发端人收到收件人的承认，可推定收件人收到相关数据电文，但这并不意味该数据电文与所收电文相符，但如果收讫确认指出有关数据电文符合商定的或在适用标准中规定的

---

① 《贸易法委员会电子商务示范法及其颁布指南》(1996 年)，https://uncitral.un.org/sites/uncitral.un.org/files/media-documents/uncitral/zh/mlec_c_v05-89449_ebook.pdf，2019 年 3 月 28 日访问。

② 同上。

技术要求,即可推定这些要求已经满足。①

(四)数据电文安全制度

数据电文制度在贸法会及一些电子商务应用较早的国家已基本形成。如前所述,贸法会通过《电子商务示范法》对电子商务中的数据电文的法律地位与效力,包括对数据电文的法律承认、书面形式、签章、原件、数据电文的可接受性和证据力、数据电文的留存、传递等作了具体规定。

《电子商务示范法》采取了功能等同方法,提供与基于纸面文件的应用者同等的法律待遇。这种办法立足于分析传统的书面要求的目的和作用,以确定如何通过电子商务技术来达到这些目的或作用。采取功能等同办法不需要电子商务使用者达到较书面环境更加严格的安全标准和更高的相关费用。《电子商务示范法》并不要求相当于任何一种书面文件的计算机技术,只是挑出书面形式要求的基本作用,以其作为标准,一旦数据电文达到这些标准,即可与起着相同作用的相应书面文件一样,享受同等程度的法律认可。②

(五)电子签字③

《电子商务示范法》采用了最低限度模式,给予各种形式的电子签字以最低的法律地位,为在电子签字和手写签字之间建立一般功能等效关系提供了一套最广泛采用的立法标准。《电子商务示范法》在拟定过程中考虑到了签字的三个主要功能:确定签字人的身份、肯定是该人自身的签字、使该人与文件内容发生关系。而根据所签文件的性质不同,签字还有多种其他功能。为了确保须经过核证的

---

① 刘益灯:《电子商务中消费者保护的国际私法问题研究》,中南大学出版社2009年版,第138—139页。

② 《贸易法委员会电子商务示范法及其颁布指南》(1996年),https://uncitral.un.org/sites/uncitral.un.org/files/media-documents/uncitral/zh/mlec_c_v05-89449_ebook.pdf,2019年3月30日访问。

③ 同上。

电文不会仅仅由于未按照纸张文件特有的方式加以核证而否认其法律价值，《电子商务示范法》第 7 条采用了一种综合办法，侧重于签字的两种基本功能：一是确定一份文件的作者，二是证实该作者同意了该文件的内容。因此，根据《电子商务示范法》，只要使用一种方法来鉴别数据电文的发端人并证实该发端人认可了该数据电文的内容，即可达到签字的基本法律功能。因此，从技术角度而言，该示范法是中立的，它并不取决于或预先假定使用任何特定类型的技术，可适用于各类信息的交流和存储。考虑到如今科技的发展创新速度，技术中性也有助于确保立法能够持续适应今后的发展。

值得注意的是，根据《电子商务示范法》，仅仅通过手写签字的功能等同手段来签署一项数据电文，其本身并不赋予数据电文法律有效性。符合签字要求的一项数据电文是否具有法律效力，应遵循《电子商务示范法》以外的适用法律规定。

三、《电子商务示范法》的影响现状[①]

截至 2021 年 6 月，共有 77 个国家在 156 个法域通过了以《电子商务示范法》为基础或在其影响下形成的立法。例如，澳大利亚根据《电子商务示范法》修正了其以前的法律；美国和加拿大通过立法分别颁布了在《电子商务示范法》及其所依据的原则影响下形成的统一法；印度、南非以《电子商务示范法》为基础进行了立法，但排除了关于证明和电子签字的规定。中国于 2004 年通过的《电子签名法》也借鉴了该示范法。

---

① 《〈贸易法委员会电子商务示范法〉(1996 年)——状况》，https://uncitral.un.org/zh/texts/ecommerce/modellaw/electronic_commerce/status，2021 年 3 月 28 日访问。

第二节 《电子签字示范法》介绍

一、简介[①]

2001年贸法会又通过了《电子签字示范法》，该法旨在为电子签字和手写签字之间的等同性规定技术可靠性标准，从而促成和方便电子签字的使用。该法可协助各国制定现代、统一、公平的法律框架，以有效解决在法律上如何对待电子签字的问题，并使电子签字的地位具有确定性。

《电子签字示范法》以《电子商务示范法》为基础，对《电子商务示范法》第7条关于在电子环境中履行签字功能的基本原则进行了实质性补充，列出了可用以衡量电子签字技术可靠性的实际标准，并将这种技术可靠性与特定电子签字可能应有的法律效力联系在一起。《电子签字示范法》侧重体现了如下几方面：（1）不偏重任何手段的原则；（2）不歧视在功能上等同传统书面文件概念和惯例的做法；（3）对当事方自主权的广泛依赖。《电子签字示范法》既是在"开放"环境（即各当事方在未事先达成协议的情况下进行电子通信）下的最低限度标准，又可以酌情作为在"封闭"环境（即各当事方在利用电子手段进行通信时，均受预先制定的合同规则和程序的制约）下的示范合同规定或缺省规则。[②]

二、主要内容

《电子签字示范法》主要针对以下方面做出了规定：（1）强调签字技术的平等对待；（2）设定了电子签字的要求；（3）规范了各方当

[①] 联合国国际贸易法委员会官方网站，https://uncitral.un.org/zh/node/2716，2021年5月1日访问。

[②] 《贸易法委员会电子签字示范法及其颁布指南》（2001年），https://uncitral.un.org/sites/uncitral.un.org/files/media-documents/uncitral/zh/ml-elecsig-c.pdf，2021年5月17日访问。

事人的行为；（4）对外国证书和电子签字的承认。

《电子签字示范法》对电子签字的概念做出了界定，规定"电子签字"系在数据电文中，以电子形式所含、所附或在逻辑上与数据电文有联系的数据，它可用于鉴别与数据电文相关的签字人和表明签字人认可数据电文所含信息。《电子签字示范法》对于承认电子签字在功能上等同于手写签字这个问题上实现确定性的实践，确立了两种不同的制度。第一种范围较广，是《电子商务示范法》第 7 条所述的电子签字，即可用以达到手写签字的法律要求的任何"方法"。这种等同于手写签字的"方法"的法律效力取决于在实际运用者面前其"可靠性"的表现。第二种范围较窄，是《电子签字示范法》提出的电子签字，即可能为国家机构、私人开证实体或当事人方本身所承认的符合《电子签字示范法》制订的技术可用性标准的电子签字方法，这种承认的优点是在这类电子签字技术的使用者实际使用电子签字技术之前，即可为他们带来确定性。①

《电子签字示范法》以不歧视、技术中性和功能等同原则为基础，为电子签字和手写签字之间的等同性规定了技术可靠性标准，还规定了可能对评估签字人、依靠方和签字过程中受信赖的第三方的义务和赔偿责任准则。此外，《电子签字示范法》规定了电子签字的法律承认标准，标准不涉及采用的是何种技术。不偏重任何技术，所列各种技术可合并使用，以减少系统性风险，这反映了对电子手段传递或储存信息可能采用的各种技术一视同仁的原则，即技术中性原则。②《电子签字示范法》根据实质等同原则承认外国证书和电子签字，并且不考虑其来源地，这确立了不歧视外国电子签字原则。决定证书或电子签字是否可具有法律效力或衡量其法律效力的程度，

---

① 《贸易法委员会电子签字示范法及其颁布指南》（2001 年），https：//uncitral.un.org/sites/uncitral.un.org/files/media-documents/uncitral/zh/ml-elecsig-c.pdf，2021 年 5 月 17 日访问。

② 联合国国际贸易法委员会网站，https：//uncitral.un.org/zh/node/2716，2021 年 4 月 1 日访问。

不应取决于证书或电子签字的来源，而是应取决于其技术可靠性。①

此外，《电子签字示范法》也体现了合理性原则，具体体现在对当事方（即签字人、依赖方和验证服务提供商）行为的评定标准上。对于签字人，合理性原则表现为签字人对其电子签字制作数据应采取合理的谨慎措施以及防范措施，避免他人擅自使用该签字制作数据。依赖方应采取合理的步骤核查电子签字的可靠性。在电子签字有证书支持时，依赖方应采取合理的步骤核查证书的有效性或证书的吊销或撤销情况，并遵守对证书的任何限制。而对于验证服务提供商，合理性原则表现为：一是应采取合理的谨慎措施，确保其做出证书的所有重大表述均精确无误且完整无缺；二是提供合理可及的手段确保依赖方得以从证书中获得重要的相关信息。《电子签字示范法》也承认验证服务提供商存在限制其赔偿责任的范围或程度。《电子签字示范法》并未详细论述可能涉及电子签字系统运作的各当事方的赔偿责任问题。这些问题留待示范法以外的适用法处理。②

值得注意的是，作为《电子商务示范法》的一个补充，《电子签字示范法》旨在规定基本原则，为使用电子签字提供便利，而不会将电子签字在使用上所涉及的每方面都包括在内。作为一个"框架"，《电子签字示范法》本身并没有规定（使用者之间合同安排以外的）颁布国采用这些技术而必需的所有细则。因此，贸法会提出，颁布国宜发布适当的条例，为《电子签字示范法》填补程序上的细节，并考虑到颁布国（可能正在变化中的）具体国情，同时不能损害《电子签字示范法》的各项目标。③

---

① 《贸易法委员会电子签字示范法及其颁布指南》（2001 年），https://uncitral.un.org/sites/uncitral.un.org/files/media-documents/uncitral/zh/ml-elecsig-c.pdf，2021 年 5 月 1 日访问。
② 同上。
③ 同上。

三、《电子签字示范法》的现状①

截至 2020 年底,已有 36 个国家通过了以《电子签字示范法》为基础或者受其基本原则影响形成的立法,详见表 1-1。

表 1-1 《电子签字示范法》影响现状

国家	通过年份	立法所受影响
阿富汗	2020	以《电子签字示范法》为基础
安提瓜和巴布达	2006	以《电子签字示范法》为基础
巴巴多斯	2001	以《电子签字示范法》为基础
不丹	2006	以《电子签字示范法》为基础
博茨瓦纳	2014	以《电子签字示范法》为基础
佛得角	2003	以《电子签字示范法》为基础
中国	2004	以《电子签字示范法》为基础
哥伦比亚	2012	以《电子签字示范法》为基础
哥斯达黎加	2005	受《电子签字示范法》及其所依据的原则影响
冈比亚	2009	以《电子签字示范法》为基础
加纳	2008	以《电子签字示范法》为基础
格林纳达	2008	以《电子签字示范法》为基础
危地马拉	2008	以《电子签字示范法》为基础
洪都拉斯	2013	以《电子签字示范法》为基础
印度	2009	受《电子签字示范法》及其所依据的原则影响
牙买加	2006	以《电子签字示范法》为基础
马达加斯加	2014	以《电子签字示范法》为基础

---

① 联合国国际贸易法委员会网站,https://uncitral.un.org/zh/texts/ecommerce/modellaw/electronic_signatures/status,2021 年 3 月 28 日访问。

第一章 联合国数字贸易规则的发展

（续表）

国家	通过年份	立法所受影响
墨西哥	2003	以《电子签字示范法》为基础
尼加拉瓜	2010	该法律受《电子签字示范法》及其所依据的原则影响
阿曼	2008	该法律受《电子签字示范法》及其所依据的原则影响
巴拉圭	2010	以《电子签字示范法》为基础
秘鲁	2000	该法律受《示范法》及其所依据的原则影响
卡塔尔	2010	以《电子签字示范法》为基础
卢旺达	2010	以《电子签字示范法》为基础
圣基茨和尼维斯	2011	以《电子签字示范法》为基础
圣卢西亚	2011	以《电子签字示范法》为基础
圣文森特和格林纳丁斯	2007	以《电子签字示范法》为基础
圣马力诺	2013	以《电子签字示范法》为基础
沙特阿拉伯	2007	该法律受《电子签字示范法》及其所依据的原则影响
泰国	2001	以《电子签字示范法》为基础
特立尼达和多巴哥	2011	以《电子签字示范法》为基础
乌干达	2011	以《电子签字示范法》为基础
阿拉伯联合酋长国	2006	以《电子签字示范法》为基础
大不列颠及北爱尔兰联合王国	—	—
蒙特塞拉特[①]	2009	以《电子签字示范法》为基础
越南	2005	以《电子签字示范法》为基础
赞比亚	2009	以《电子签字示范法》为基础

---

① 大不列颠及北爱尔兰联合王国海外领地。

第三节 《电子通信公约》介绍

一、简介

2005年11月23日,联合国大会批准通过了《电子通信公约》。《电子通信公约》旨在确保以电子方式订立的合同和往来的其他通信的效力、可执行性与传统的纸面合同和通信相同,从而促进在国际贸易中使用电子通信。作为一部授权条约,其作用是通过确立电子形式和书面形式之间的等同性而消除形式上的障碍。此外,《电子通信公约》还有助于进一步促进电子通信在国际贸易中的应用。《电子通信公约》意图加强各种电子商务规则的统一,使各国在国内颁布与电子商务有关的各项贸法会示范法的工作更加统一,并按照最新的做法更新和补充这些示范法中的某些条款。《电子通信公约》还可向尚未通过电子商务方面规定的国家提供现代、统一且措辞谨慎的法律,因此具有重要意义。[①]《电子通信公约》遵循了《电子商务示范法》和《电子签字示范法》两部示范法中的绝大部分原则,但也充分考虑了科技的飞速进步,尤其是互联网的迅猛发展,因而其规定也做了相应的改进与更新。

《电子通信公约》的通过体现出在《电子签字示范法》后,贸法会工作组就电子商务立法工作方面的重点调整方向:首先从立法文件形式上看,由原先的示范法转变为公约的制定,这既适应了电子商务法全球化的现实,又避免了因各国立法上可能存在的诸多矛盾而阻碍电子商务的发展;其次,从立法内容来看,《电子通信公约》也由原先的交易形式等基础性规范转向涉及交易标的、订约标准、争议解决等具体规范的制定,这也是为了配合在电子商务中财产数

[①] 联合国国际贸易法委员会网站,https://uncitral.un.org/zh/texts/ecommerce/conventions/electronic_communications,2019年4月1日访问。

字化、交易行为网络化的特点；最后，贸法会工作组还与世界知识产权组织、国际商会等许多相关国际组织合作，共同起草制定具有专业性和可操作性的规范性文件，以适应电子商务的网络化特征，表现出网络的兼容性。总而言之，贸法会立法重心的改变也是网络开放性、跨越性、兼容性等特点的体现。[1]

二、基本内容[2]

《电子通信公约》大致可分为三部分内容：第一部分涉及加入申请、接受申请以及会员国管理的规定（第1条至第3条、第5条至第7条、第15条至第25条）；第二部分包括关于电子通信的采纳和法律承认的规定（第4条、第8条、第9条）；第三部分则规定了电子合同的构成（第10条至第14条）。相较于《电子商务示范法》和《电子签字示范法》，《电子通信公约》不仅仅是替代，更是电子商务领域真正的国际法。[3]

在《电子通信公约》的适用方面，其第1条规定：公约适用于与营业地位于不同国家的当事人之间订立或履行合同有关的电子通信的使用。只有当缔约国的法律适用于当事双方的交易时，公约才可适用。但根据其第2条的规定，公约不适用于涉及为个人、家人或家庭目的订立的合同、在某些金融市场中受某些特别规则或行业标准约束的交易，以及可转让的所有权票据或单证的电子通信。

《电子通信公约》第6条和第7条规定了对当事人的所在地和对提供情况的要求，并设有一整套关于当事人所在地的规则；其第9条设定了通信的最低标准，以满足适用法律中可能存在的形式要求；

---

[1] 张楚、肖毅敏：《联合国贸法会电子商务立法的新动向及其启示》，载《信息网络安全》2002年第4期。

[2] 《联合国国际合同使用电子通信公约》（2005年），https://uncitral.un.org/sites/uncitral.un.org/files/media-documents/uncitral/zh/06-57451_ebook.pdf，2021年3月29日访问。

[3] 高富平：《电子通信公约在缔约国的适用：中国视角》，载《暨南学报（哲学社会科学版）》2010年第6期。

第 10 条对发出和收到电子通信的时间和地点做出了规定。《电子通信公约》第 8 条、第 11 条、第 12 条、第 13 条规定了对合同的处理，其中第 8 条承认《电子商务示范法》第 11 条所载的原则，即不得仅以合同系电子通信形式产生为由而否定其效力或可执行性。《电子通信公约》第 12 条承认可通过自动电文系统订立合同，即使无自然人复查这些系统进行的每一动作或由此产生的合同也不能否定合同的效力或可执行性。不过，该公约第 11 条规定，假如一方当事人为订单提供了交互式应用程序，无论其系统是否完全自动，也不应由此推定该当事人打算受通过该系统发出的订单的约束。《电子通信公约》第 13 条规定，当事人可能有义务需要在以某种方式提供合同条款等问题上服从国内法。不过，该公约处理了电子通信中输入错误这一实质性问题，因为在自然人在与自动电文系统通信达成的实时交易或近乎即时的交易中发生错误的风险较高，也即《电子通信公约》第 14 条的规定，在某些情况下，发生输入错误的一方当事人可撤回通信中有输入错误的部分。

三、《电子通信公约》的原则[①]

《电子通信公约》以委员会以前草拟的文书为基础，特别是《电子商务示范法》和《电子签字示范法》。这些文书被广泛视为电子商务立法基本原则的标准法规，《电子通信公约》同样包含了前述文件中的两大原则，即技术中性和功能等同。

《电子通信公约》是为以电子通信形式生成、存储或传输信息的所有实际情况做出规定，无论使用的是何种技术或媒介。为此，该公约的规则是"中性"规则，即这些规则不依赖于或不预先假定使用特定类型的技术，而是可适用于所有类型信息的交流和存储。与之前的《电子商务示范法》相似的是，《电子通信公约》所采用的方

[①] 《联合国国际合同使用电子通信公约》，https://uncitral.un.org/sites/uncitral.un.org/files/media-documents/uncitral/zh/06-57451_ebook.pdf，2021 年 3 月 29 日访问。

法所引起的结果是采用了新术语,其目的是避免提及传输或存储信息的特定技术手段。技术中性还包括"媒介中性",《电子通信公约》的重点是推动"无纸"通信手段的使用,办法是提供标准使其按标准等同于纸面文件,但该公约的用意不是改变纸面通信的传统规则,也不是为电子通信另外创立实体规则。

《电子通信公约》产生的基础是认识到规定使用传统纸面文件的法律要求成为现代通信手段发展的重大障碍,所以该公约通过扩大"书面""签字"和"正本"等概念的范围,以解决形式要求对使用电子通信可能造成的障碍,从而涵盖计算机技术。因此,《电子通信公约》依赖"功能等同",以对传统纸面要求的目的和功能所作的分析为基础,并以此确定如何通过电子商务技术完成这些目的或功能。该公约没有试图以任何特定类型的纸面文件限定基于计算机的同等文件,而是提炼出纸面形式要求的基本功能,以此作为标准,使达到这些标准的电子通信能够与相应的、履行相同功能的纸面文件享有同等的法律认可。

四、《电子通信公约》的现状[①]

截至 2020 年底,各国签署《电子通信公约》状况如表 1-2 所示。其中,部分国家对《电子通信公约》做出了保留。新加坡在批准时声明,《电子通信公约》不适用于与任何销售合同或不动产的其他处分或对此财产享有的任何权益有关的电子通信。《电子通信公约》也不适用于遗嘱的形成或执行,或可能在受《电子通信公约》管辖的任何合同中订立的契约、信托说明及委托书的缔结、履行或执行。俄罗斯联邦在接受时声明,将在国际合同当事方同意适用该公约时适用,并且表明下述情况不适用该公约:俄罗斯法律要求提供经公

---

① 《〈联合国国际合同使用电子通信公约〉(2005 年,纽约)状况》,https://uncitral. un. org/zh/texts/ecommerce/conventions/electronic_ communications/status,2021 年 3 月 28 日访问。

证的表格或办理国家登记手续的交易，或者禁止或限制货物销售跨越海关联盟边界转移的交易。此外，俄罗斯联邦还声明其认为《电子通信公约》所涵盖的国际合同是指涉及外国公民或法律实体或涉及外国要素的民法合同。斯里兰卡在批准该公约时宣布，《电子通信公约》不应适用于斯里兰卡 2006 年第 19 号电子交易法令第 23 节所明文排除的电子通信或交易。斐济也在批准该公约时宣布，《电子通信公约》不适用于经 2017 年《斐济电子交易（修正）法》修正的 2008 年《斐济电子交易法》第 18 条、第 19 条、第 20 条和附表专门排除在外的电子通信或交易。

表 1-2 《电子通信公约》签约现状

国家	签字日期	批准/加入/核准/接受/继承日期	生效日期
阿塞拜疆	—	2018.9.18	2019.4.1
巴林	—	2020.6.4	2021.1.1
贝宁	—	2019.11.7	2020.6.1
喀麦隆	—	2017.10.11	2018.5.1
中非共和国	2006.2.27	—	
中国	2006.7.6	—	
哥伦比亚	2007.9.27	—	
刚果	—	2014.1.28	2014.8.1
多米尼加	—	2012.8.2	2013.3.1
斐济	—	2017.6.7	2018.1.1
洪都拉斯	2008.1.16	2010.6.15	2013.3.1
伊朗	2007.9.26	—	
基里巴斯	—	2020.4.21	2020.11.1
黎巴嫩	2006.5.22	—	
马达加斯加	2006.9.19	—	
蒙古	—	2020.12.3	2021.7.1
黑山	2007.9.27	2014.9.23	2015.4.1
巴拿马	2007.9.25	—	

(续表)

国家	签字日期	批准/加入/核准/接受/继承日期	生效日期
巴拉圭	2007.3.26	2018.7.24	2019.2.1
菲律宾	2007.9.25	—	—
韩国	2008.1.15		
俄罗斯联邦	2007.4.25	2014.1.6	2014.8.1
沙特阿拉伯	2007.11.12	—	—
塞内加尔	2006.4.7		
塞拉利昂	2006.9.21	—	—
新加坡	2006.7.6	2010.7.7	2013.3.1
斯里兰卡	2006.7.6	2015.7.7	2016.2.1

第四节 《电子可转让记录示范法》介绍

可转让单证和票据是基本商业工具。提供电子形式的可转让单证和票据有利于促进电子商务的发展。电子可转让记录可能对于某些商业领域，如运输和物流业以及金融业，甚至是对于有意建立电子仓单市场以促进农民获得信贷的发展中国家来说都具有重要意义。此外，电子可转让记录是对贸易便利化作出重要贡献的无纸化贸易环境的一个基本组成部分。①

一、起草背景

尽管《电子通信公约》《电子签字示范法》和《电子商务示范法》有助于各国在国际贸易中使用电子商务，但它们不涉及或者未充分涉及在国际贸易中使用电子可转让记录所产生的问题。

贸法会在1994年第二十七届会议首次提到其今后就电子环境下

---

① 联合国国际贸易法委员会，https://uncitral.un.org/zh/texts/ecommerce/modellaw/electronic_transferable_records，2021年3月28日访问。

货物权利流通性和转让性问题开展工作的可能性,并在之后的委员会及其各工作组的各项会议上特别结合电子商务和运输法对此进行了讨论。

之后,贸法会又分别在其第四十一届和第四十二届会议上收到各国就开展电子可转让记录工作方面的建议。2011年,贸法会第四十四届会议是一次重要会议,该会议中委员会普遍支持开展电子可转让记录方面的工作,并强调有必要采用一种国际机制以便跨境使用电子可转让记录,对电子可转移记录的概念、特性以及面临的挑战和采取的方法都做了讨论与说明。① 在该会议上,贸法会授权第四工作组开展电子可转让记录领域的工作。第四工作组自2011年至2016年专注于这一工作。之后,第四工作组着手拟定了关于电子可转让记录的示范法草案,就纸质可转让单证或票据的电子等同件和只存在于电子环境的可转让记录作出规定。草案最终于2017年7月通过。

二、关键条款介绍

《电子可转让记录示范法》旨在通过支持不歧视在国外签发或使用的电子可转让记录的原则,促进电子可转让记录的跨境使用。《电子可转让记录示范法》延续了贸法会所有电子商务法规所依据的等同原则和技术中性原则,因此该示范法兼顾所有技术和所有模式的使用,如登记处、令牌和分布式账本。根据该示范法,电子可转让记录在功能上等同于可转让单证或票据,前提是该记录包含可转让单证或票据需包含的信息,并使用一种可靠的方法确定该电子记录为单一电子可转让记录,使得该电子记录能够自其生成至其失去任何效力或在有效性期间内都处于控制之下,并且保全该电子记录的完整性。控制是该示范法的一个基本概念,它在功能上等同于可转

---

① 刘应波:《电子可转移记录在国际社会中的研究分析——基于联合国国际贸易法委员会第四工作组历届工作报告》,载《现代商业》2015年第13期。

让单证或票据的占有。特别是就电子可转让记录而言，如果使用一种可靠方法证明某人对该电子可转让记录享有排他控制，并且指明该人为控制权人，即为满足这种占有要求。此外，《电子可转让记录示范法》能够让电子可转让记录中包含纸质可转让单证或票据因其性质而无法包含的信息。该示范法还就管理电子可转让记录的方法的可靠性以及媒介转换（电子转纸质、纸质转电子）提供指导。[1]

《电子可转让记录示范法》共分为四章。第一章载有关于《电子可转让记录示范法》适用范围和某些一般原则的一般规定，第二章载有关于功能等同的规定，第三章载有关于使用电子可转让记录的规定，第四章涉及电子可转让记录的跨境承认。《电子可转让记录示范法》提供了可供所有法域采用的统一且中性的法规，而且还载有涉及电子可转让记录跨境方面问题的专门规定。

实际上在通过该法之前，贸易法委员会已经着手处理了电子形式可转让单证和票据问题。《联合国海上货物运输公约》（简称《汉堡规则》）第14条第3款可解释为暗示有使用电子提单的可能性。《电子商务示范法》第16条和第17条提供了关于与货运合同和运输单据有关行动的规则，使载入交货请求权的单据得以实现无纸化。《联合国全程或部分海上国际货物运输合同公约》（简称《鹿特丹公约》）有一章是专门关于电子运输记录的。尤其是，其第8条对电子运输记录的使用和效力作了规定，第9条指明了可转让电子运输记录的使用程序，第10条阐明了可转让运输单证与可转让电子运输记录相互置换的规则。此外，《鹿特丹公约》还界定了电子运输记录（第1条第18款）和可转让电子运输记录（第1条第19款）的概念。

与这些文书不同的是，《电子通信公约》将"汇票、本票、运单、提单、仓单或任何可使持单人或受益人有权要求交付货物或支付一笔款额的可转让单证或票据"排除在适用范围之外（第2条第2

---

[1] 联合国国际贸易法委员会，https://uncitral.un.org/zh/texts/ecommerce/modellaw/electronic_transferable_records，2021年4月2日访问。

款），这是因为，若要解决由于未经授权复制这些单证和票据所产生的潜在后果而带来的挑战，必须将法律、技术和商业方面的解决办法结合起来，而这些办法还未得到充分发展的检验。①

三、现状②

一些国家正在积极考虑通过这一法规，特别是鉴于它对促使银行和金融部门技术创新可能产生的影响，包括通过使用分布式账本。截至2017年底，已有2个国家和3个法域，通过了以《电子可转让记录示范法》为基础或在其影响下形成的立法。

第五节 相关的解释性法规

一、《增进对电子商务的信心：国际使用电子认证和签字方法的法律问题》介绍③

为了平衡在促进安全交换电子通信方面的利益，减少让恶意商人可以轻易放弃其自由承担的法律义务的风险，贸法会在2007年发布了《增进对电子商务的信心：国际使用电子认证和签字方法的法律问题》，帮助各国立法机关和决策机关确定国际使用电子认证和签字方法所涉及的主要法律问题，并考虑如何解决这些问题。

《增进对电子商务的信心：国际使用电子认证和签字方法的法律问题》分为两部分，第一部分介绍了电子签字和认证方法，第二部分论述了电子签字认证方法的跨国界使用。

---

① 《贸易法委员会电子可转让记录示范法》，https：//uncitral. un. org/sites/uncitral. un. org/files/media-documents/uncitral/zh/mletr＿ebook＿c. pdf，2021年4月2日访问。
② 《〈贸易法委员会电子可转让记录示范法〉（2017年）状况》，https：//uncitral. un. org/zh/texts/ecommerce/modellaw/electronic＿transferable＿records/status，2021年3月29日访问。
③ 联合国国际贸易法委员会，https：//uncitral. un. org/zh/cloud，2021年3月29日访问。

电子认证和签字方法主要可分为三类：（1）以用户或接收者知情为依据的；（2）以用户外形特征为依据的；（3）以用户对物体的占有为依据的。其他类型的方法虽然无法归入以上各类，但仍可用来指明电子通信的发件人（例如手写签字的复制本，或电文末尾处的打字签字）。目前使用的技术包括公钥基础设施内的数字签字、生物鉴别做法、个人识别号码、由用户界定或分配的密码、经过扫描的手写签字、以数字笔为手段的签字、可点击的"同意"或"接受"方框。以兼用不同技术为依据的混合解决办法正日渐流行，例如兼用密码和传输层安全性/安全套接字层，这种技术混合使用了公钥加密办法和对称钥匙加密办法。签字和认证方法主要包括四种：数字签字、生物鉴别方法、密码和混合方法、扫描或打字签字。"数字签字"也称为公钥加密体系，系使用非对称加密技术确保电文的真实性，并保证这些电文内容完整性的技术应用程序。

然而，数字签字和公用钥匙基础设施计划可能涉及另一领域的数据安全和隐私保护。为了防止外人未经核准利用钥匙，认证服务提供者必须安全保存用于在向其客户签发的证书上签字的钥匙。此外，认证服务提供者必须从证书申请者那里获得一系列的个人数据和商业信息。认证服务提供者必须储存这一信息，以备日后之用。认证服务提供者必须采取必要的措施，以确保可以根据适用的数据保护法律查阅此种信息。

二、《关于云计算合同所涉主要问题的说明》介绍

《关于云计算合同所涉主要问题的说明》由贸法会秘书处于2019年编拟，该说明涉及商业实体之间云计算合同的主要问题，即其中一方（提供商）向另一方（客户）提供终端使用的一种或多种云计算服务。但云计算服务转售合同或其他形式的进一步分销不在其说明范围之内。与云计算服务伙伴以及与可能参与向客户提供云计算服务的其他第三方的合同（例如与分包商和互联网服务提供商的合

同）也不包括在该说明解释的范围之内。① 云计算合同可根据适用法律定性分为服务合同、租赁合同、外包合同、许可合同、混合合同以及其他类型的合同。因此，云计算合同的形式和内容可能也有不同的法定要求。

《关于云计算合同所涉主要问题的说明》提出了供潜在订约方在起草合同之前和期间应当考虑的问题。该说明主要分为两部分，第一部分论述了潜在订约方在订立云计算合同之前宜考虑的订约前主要方面，包括核对强制性法律及其他要求、风险评估等；第二部分则是谈判各方起草云计算合同时可能面临的主要合同问题，包括识别订约方身份、客户数据及其他内容。同时还提供了术语表以便对说明进行更好地理解。②

第六节　《贸易法委员会关于网上争议解决的技术指引》介绍

一、简介③

鉴于跨境网上交易猛增，为了建立此种交易所产生争议的解决机制，贸法会在其第四十三届会议上商定了在网上争议解决领域开展工作，并于2016年第四十九届会议上最后审定了《贸易法委员会关于网上争议解决的技术指引》（简称《技术指引》）。

《技术指引》不具有约束力，采取了说明性文件的形式，反映了网上争议解决程序的各项要素。《技术指引》既不着眼于使其本身具

---

① 《关于云计算合同所涉主要问题的说明》，https://uncitral.un.org/sites/uncitral.un.org/files/media-documents/uncitral/zh/v1909102.pdf，2021年3月29日访问。
② 同上。
③ 《贸易法委员会关于网上争议解决的技术指引》，https://uncitral.un.org/sites/uncitral.un.org/files/media-documents/uncitral/zh/17-00381_c_ebook_technical_notes_on_odr.pdf，2021年3月30日访问。

有穷尽性或排他性，也不适合用作任何网上解决程序的规则。《技术指引》并不提出对当事人或者对管理网上解决程序或使之能够进行的任何人和（或）任何实体具有约束力的任何法律要求，也不意味着对当事人可能选用的任何网上解决规则作任何修改。《技术指引》反映了网上解决程序的各项要素，并将网上解决程序最后阶段的性质的问题（仲裁/非仲裁）排除在外。

除贸法会60个成员代表之外，其他许多国家和一些国际组织的代表也参加了《技术指引》的审议工作。在《技术指引》的拟订过程中，秘书处与不同法律体系、相关技术领域以及国际专业协会的专家举行了协商。值得一提的是，整个文件是在中国代表团提出的第三轨道的基础上形成的，遵循了中国代表团提出的框架设计。①

《技术指引》是为了促进网上解决办法的发展，协助当事人以简单、快捷、灵活和安全的方式解决争议，而无需出席会议或听讯，并协助网上解决管理人、网上解决平台、中立人以及网上解决程序各方当事人。《技术指引》反映了对网上解决系统采取的方针，这些方针体现了公正、独立、高效、实效、正当程序、公平、问责和透明原则。《技术指引》着眼于使用电子通信订立的跨境低价值销售或服务合同所产生的争议，但它并不倡导以任何网上解决做法作为最佳做法。

《技术指引》规定了网上解决程序适用于企业对企业交易以及企业对消费者交易所产生的争议、销售合同和服务合同所产生的争议。同时《技术指引》表明，该程序可能特别有助于解决跨境、低价值电子商务交易所产生的争议。

当前网上争议解决机制设计的核心目标之一是消费者保护，主要解决跨境电子商务中出现的涉消费者争议。贸法会早期的工作重点是跨境消费者争议解决，但由于各国在消费者保护领域的法律制

---

① 龚柏华：《论跨境电子商务/数字贸易的"eWTO"规制构建》，载《上海对外经贸大学学报》2016年第6期。

度差异较大、实难统一，因此贸法会最终制定的《技术指引》在一定程度上回避了消费者保护这一问题，网上争议解决程序规则既适用于涉及"企业对企业"（Business to Business，B2B）也适用于涉及"企业对消费者"（Business to Consumer，B2C）的交易。①

二、基本内容②

（一）《技术指引》的基本原则

公平原则是《技术指引》的首要原则，其次是透明度原则。透明度原则主要体现在披露、公布、查询等方面。依照《技术指引》可取的做法是，披露网上解决管理人与特定卖方之间的所有关系，以使服务使用人了解潜在的利益冲突。如《技术指引》第 11 条规定：网上解决管理人似应本着所适用的保密原则，公布关于网上解决过程结果的匿名数据或统计数字，以使当事人能够评价其全面记录。《技术指引》第 12 条规定：所有相关信息均应以用户相宜、便于查询的方式放在网上解决管理人的网站上。独立性原则也是《技术指引》中强调的，独立性可取的做法是，网上解决管理人对其中立人采用职业道德守则，以便就利益冲突以及其他行为守则向中立人提供指导。专长原则也是《技术指引》遵循的原则，其第 15 条规定：网上解决管理人似应实行关于中立人选择和培训的全面政策；第 16 条规定：内部监督/质量保证程序可有助于网上解决管理人确保中立人遵守其自律标准。《技术指引》最后落脚于同意原则，主张网上解决过程应当以取得各方当事人的明确、知情同意为基础。

（二）网上解决的定义、作用和职责以及通信

《技术指引》对相关术语进行了定义。其中，网上争议解决或称

---

① 高薇：《互联网争议解决中的执行问题——从司法、私人到去中心化数字执行》，载《法商研究》2018 年第 6 期。

② 《贸易法委员会关于网上争议解决的技术指引》，https：//uncitral.un.org/sites/uncitral.un.org/files/media-documents/uncitral/zh/17-00381_c_ebook_technical_notes_on_odr.pdf，2021 年 3 月 30 日访问。

网上解决，是"借助电子通信以及其他信息和通信技术解决争议的一种机制"。这一过程可以由不同的程序管理人以不同方式执行，并可能随时间发生改变。

"申请人"是提起网上解决程序的当事人，"被申请人"是被发给申请人通知的当事人，这与传统的、非网上、非诉讼争议解决办法的用语一致。中立人是协助当事人调解争议或解决争议的个人。

网上解决要求有一个基于技术的中间环节。为了允许使用技术手段，从而能够进行争议调解程序，网上解决过程要求必须有一套以确保数据安全的方式生成、发送、接收、存储、交换或以其他手段处理通信的系统。《技术指引》将这种系统称作"网上解决平台"。网上解决平台应当是加以管理和协调的。执行此种管理和协调功能的实体在此处称作"网上解决管理人"。网上解决管理人可以独立于网上解决平台，也可以是平台的组成部分。

程序进行过程中可能发生的通信被定义为"以借助电子手段、电磁手段、光学手段或类似手段生成、发送、接收或存储信息的方式进行的任何通信（包括陈述、声明、要求、通知、答复、提交书、通知书或请求）"。《技术指引》指出，争议双方以及网上解决平台本身，都应当有一个指定的"电子地址"。

（三）网上解决过程的范围

网上解决过程可能特别有助于解决跨境、低价值电子商务交易所产生的争议。网上解决过程可适用于企业对企业交易以及企业对消费者交易所产生的争议，以及销售合同和服务合同所产生的争议。

（四）网上解决程序的启动

启动网上解决程序可由申请人向网上解决管理人发送一份通知，其中载明申请人和受权在网上解决程序中代表申请人行事的申请人代表（如有）的名称和电子地址、申请人所了解的被申请人以及被申请人代表（如有）的名称和电子地址、提出申请的依据、为解决争议提出的任何办法、申请人首选的程序语言文字，以及申请人和

（或）申请人代表的签字或其他身份识别和认证手段。申请人将通知发送给网上解决管理人后，网上解决管理人通知各方当事人可在网上解决平台检索该通知之时，可视为网上解决程序启动的时间。

《技术指引》指出，网上解决所利用的技术工具能够为程序使用的语言文字提供极大灵活性。即使网上解决协议或网上解决规则指明了程序使用的语言文字，但程序的一方当事人仍然能够在申请人通知或答复中表示其希望以另一种语言文字进行程序，以便于网上解决管理人确定可供当事人选择的其他语言文字。

被申请人应在被通知可在网上解决平台检索申请人通知的合理时限内向网上解决管理人发送其答复。

（五）网上解决程序各阶段

《技术指引》主要是为解决电子商务小额争议而设计的，它将网上解决程序分为三个阶段：谈判、协助下的调解以及最终阶段。申请人通过网上解决平台向网上解决管理人提交通知，网上解决管理人即向被申请人通知申请事宜，并向申请人通知答复事宜。程序的第一阶段（技术导引下谈判）随即启动，申请人和被申请人经由网上解决平台可直接相互谈判。如果谈判过程未果（即未能就申请事宜达成和解），程序可进入第二阶段，即"协助下调解"阶段。在这一阶段，网上解决管理人会指定一位中立人与各方当事人沟通，以图达成和解。如果协助下调解未果，可进入第三阶段即最后阶段。

具体而言，《技术指引》第 38 条规定：第一阶段可以是当事人之间经由网上解决平台进行谈判。第一阶段谈判程序的启动时间可以是在被申请人的答复发至网上解决平台之后，并且需要满足该答复的通知已发给申请人；如果被申请人不作答复，通知发给被申请人后需要经过一段合理时间才能启动第一阶段。如果谈判未在合理时限内达成和解，则网上解决程序可进入第二阶段——协助下调解。依据《技术指引》规则，在这一阶段会指定一位中立人，由其与各方当事人沟通，设法达成和解。同时，《技术指引》也规定，如果经由平台的谈判由于任何原因（包括未参加或者未在某一合理时限内达成和解）未果，或者争议一方或双方请求直接进入程序下一阶段，下一阶段即可启动。如果未能在合理时限内实现协助下和解的，程序可以进入最后阶段，网上解决管理人或中立人应当向当事人告知最后阶段的性质及其可能采取的形式。

（六）中立人

为提高效率和降低成本，网上解决管理人仅在按照适用的网上解决规则需要为争议解决程序提供中立人时指定中立人。需要中立人时（一般在"协助下调解"阶段启动之时），网上解决管理人应"迅速"指定中立人。一经指定，网上解决管理人需要迅速将中立人的姓名以及与该中立人有关的其他任何相关信息或身份识别信息通知当事人。

中立人需拥有处理有关争议的相关专业经验和争议解决技巧，但并不一定必须是有资格律师。《技术指引》第48条和第49条对中立人的指定、职能等做出了相应规定。

尽管为网上解决程序指定中立人的过程须符合非网上环境下此种程序所适用的同样的正当程序标准，但《技术指引》也指出，可使用简化的指定和质疑程序，以顾及对于网上解决以简单、省时且具成本效益的办法替代传统争议解决办法的需要。

第七节　关于使用和跨境承认身份管理和信任服务的条文草案介绍

一、简介

全球电子商务从1999年的640亿美元增长到2015年的25万亿美元。想要维持这种增长无疑需要有对网上环境信任感的支持，而网上信任的一个重要组成部分是能够以可靠方式识别每一方的身份，特别是在没有任何事先面对面互动的情况下。多年来，人们就网上身份识别的需要提出了各种解决方案，由此造成用于管理身份的方法、技术和设备激增。在全球范围内设置处理身份管理所涉及的法律，不仅有可能将这些不同的解决方案联系起来，而且可以不论私人或政府运作，促进身份管理系统之间的互操作性。①

目前，在更广泛地使用身份管理和信任服务方面存在若干障碍。其中一些是法律性质的障碍，包括：（1）缺乏赋予身份管理和信任服务法律效力的立法；（2）针对身份管理的法律和做法不同，其中包括基于特定技术要求的法律；（3）法规要求为进行网上商业交易提供纸质身份识别文件；（4）缺乏对身份管理和信任服务进行跨境法律承认的机制。正因此，第四工作组的主要目标是通过制定统一的法律规则以提高效率，降低交易成本，提高电子交易的安全性和法律确定性，以及弥合数字鸿沟。②

贸法会 2015 年第 48 届会议请秘书处就身份管理和信任服务所涉法律问题进行了准备工作，包括主办专题讨论会和专家组会议，以便在完成电子可转让记录的工作后，以提交贸法会审议的一项提案（A/CN.9/854）为基础在工作组级别展开讨论。贸法会 2016 年第 49 届会议收到了秘书处《关于与身份管理和信任服务有关的法律问题的说明》（A/CN.9/891），其中概述了 2016 年 4 月 21 日和 22 日在维也纳举行的贸法会关于身份管理和信任服务所涉法律问题专题讨论会期间的讨论情况以及其他补充材料。在该届会议上，贸法会一致认为，身份管理和信任服务专题以及云计算专题都应保留在工作组工作议程上。贸法会确认工作组可在完成《电子可转让记录

---

① 《关于使用和跨境承认身份管理和信任服务的条文草案的解释性说明》，https://documents-dds-ny.un.org/doc/UNDOC/LTD/V19/006/01/PDF/V1900601.pdf?OpenElement，2021 年 3 月 31 日访问。

② 同上。

示范法》的工作之后着手进行关于这些专题的工作。①

在第四工作组第 54 届会议上，工作组讨论了与身份管理和信任服务有关的法律问题以及云计算所涉合同问题。工作组一致认为，其今后在身份管理和信任服务方面的工作应当限于为商业目的使用身份管理系统，这一工作不应考虑身份管理服务供应商的私营或公营性质。工作组还一致认为，鉴于身份管理和信任服务这两者之间的关系密切，应当同时对这两方面的相关术语加以确定。此外，工作组在身份管理方面工作的侧重点应当是多方身份系统以及自然人和法人，但不排除酌情对两方身份系统以及实体对象和数字对象进行审议。同时，工作组还应当为继续开展工作而进一步明确项目目标，具体指明项目范围，确定所适用的一般原则，并拟订必要的定义。②

自 2017 年至 2021 年，第四工作组通过了其第 55 届至第 61 届共七届工作报告，对与身份管理和信任服务有关的法律问题、云计算所涉合同问题进行了讨论，并公布且审议了关于使用和跨境承认身份管理和信任服务的条文草案。

二、谈判围绕的主要问题③

第四工作组关于身份管理和信任服务所涉法律问题的工作主要围绕以下几方面开展：身份管理和信任服务提供商的核证、保证级别、赔偿责任、机构合作机制、透明度、数据留存、服务提供商监管，以及信任服务的具体问题。具体而言包括：

---

① 《临时议程说明》，https：//documents-dds-ny.un.org/doc/UNDOC/LTD/V18/058/01/PDF/V1805801.pdf？OpenElement，2021 年 3 月 30 日访问。
② 同上。
③ 《与身份管理和信任服务有关的法律问题秘书处的说明》，https：//documents-dds-ny.un.org/doc/UNDOC/LTD/V18/059/25/PDF/V1805925.pdf？OpenElement，2021 年 3 月 30 日访问。

1. 核证

核证包括自我核证、资格鉴定和独立审计，它有助于建立对身份管理提供商和信任服务提供商的信任。核证形式的选择可能会受到所涉服务的类型、成本以及所寻求保证级别的影响。工作组需要审议核证的存在是否与某些法律效力关联，以及核证的使用是强制性的还是选择性的。

2. 保证级别

保证级别可从身份管理、信任服务两方面来看。保证级别是以所用流程来衡量身份声明可靠性的标准。公共实体和私营实体对保证级别有不同的定义，这些定义会根据技术和业务流程的发展变化定期更新。鉴于采用了技术中性原则，各实体只考虑以技术中性方式制定的保证级别。例如，美国国家标准和技术研究所确定了三种不同级别的身份相关保证：身份保证级别（IAL）、验证器保证级别（AAL）和联合保证级别（FAL）。IAL是指身份验证过程的牢固性，以自信地确定个人的身份；AAL指认证过程本身的牢固性以及认证元素与特定个人的身份识别特征之间的绑定；FAL指在联合环境中使用断言协议来传递认证信息并将信息归属于依赖方。工作组可以进一步讨论保证级别概念是否应当用于满足法律要求或确定法律效力的目的。若是，贸法会还可以特别讨论保证级别与法律承认要求和机制之间的关系。此外，关于信任服务的一个根本问题是，保证级别概念是否也适用于信任服务。因此，工作组也应当考虑这一问题，如果适用，又应当采用何种方式。

3. 赔偿责任

适用的赔偿责任制度可能对身份管理与信任服务用于商业和非商业目的产生重大影响。工作组已经确定了身份管理和信任服务参与者责任的相关问题，即确认了应承担赔偿责任的实体（发证商、提供商、其他当事方）、公共实体的特殊赔偿责任制度、对遵守预定要求的当事方限制赔偿责任的可能性、限制赔偿责任的法定机制等。

4. 机构合作机制

机构合作机制可能有助于实现身份管理系统和信任服务之间的法律承认和互操作性。这种合作机制可以是私人性质的,也可以是公共性质的。

5. 透明度原则

工作组确定透明度原则与今后关于身份管理和信任服务的讨论有关。为此,它强调与该原则相关的两项义务:披露提供了哪些身份管理和信任服务及其质量的义务、通知泄密事件的义务。

6. 数据留存

关于数据留存问题,工作组强调了跨境贸易数据留存制度协调和互操作的重要性。为此,工作组着重指出了数据保护、数据存储和归档两方面的问题。

7. 服务提供商监管

如果工作组确定着眼点是身份管理方案和信任服务系统,那么建立一个监管机构对确立服务提供商和所提供服务的信任是必要的。不过,设立这样一个机构会带来若干行政和财政方面的影响。但如果使用替代或补充机制,例如第三方核证,则可能有助于实现服务提供商监管工作所追求的目标,同时又可降低相关成本。

8. 信任服务

如何在法律上处理信任服务的问题也颇具挑战性。一个基本问题是,每个信任服务都是不同的,因此需要考虑的是一套不同的问题。此外,还需要考虑信任服务的法律处理办法,考虑应基于"信任服务"共同定义的信任服务敞开式清单,还是应基于提供适用于所有信任服务的共同规则和适用于其中每项信任服务的具体规则。

三、草案基本内容和主要争议问题[①]

(一) 基本内容

该条文草案的一般原则包括不歧视使用电子手段、功能等同、技术中性和当事人意思自治。草案共分为四章,第一章"总则"对各术语的定义、适用范围等做出了界定;第二章"身份管理"规定了对身份管理的法律承认、身份管理服务提供人的义务、身份管理服务提供人在发生数据泄露情况下的义务、订户的义务、使用身份管理对个人进行身份识别、身份管理系统、身份管理服务提供人的赔偿责任等方面的问题;第三章"信任服务"规定了信任服务的法律承认、信任服务提供人的义务、订户的义务、电子签字、电子印章、电子时间戳、信任服务提供人的赔偿责任等问题;第四章"国际方面"主要针对身份管理和信任服务的跨境承认以及合作做出了相关规定。

(二) 主要争议问题

从工作组收集的各国和国际组织提交的评论意见来看,争议问题主要集中在以下几方面:条文草案的目的和宗旨、需要"绘制"现有可适用法律概貌图、"电子身份识别""身份核实"和"信任服务"的概念、包纳基于多方合同的身份管理系统、与政府运营的身份管理系统的互动,以及架构的对待办法。

1. 条文草案的目的和宗旨

对于条文草案的目的和宗旨,工作组成员的一种意见认为,条文草案旨在从法律上承认身份管理和信任服务的使用。另一种意见认为,条文草案旨在对提供身份管理和信任服务加以规范。条文草案第 5 条、第 13 条对电子身份识别和提供信任服务给予"法律上的

[①] 《〈关于使用和跨境承认身份管理和信任服务的条文草案〉——各国和国际组织提交的评论意见综合》,https://documents-dds-ny.un.org/doc/UNDOC/LTD/V20/045/18/PDF/V2004518.pdf?OpenElement,2021 年 3 月 31 日访问。

承认",禁止在电子身份识别或提供信任服务时区别对待电子手段的使用;第9条、第16条至第22条赋予电子身份识别和提供信任服务"法律效力";第26条对在境外运营的身份管理系统和提供的信任服务给予"跨境承认"。此外,条文草案还规定了身份管理服务提供人和信任服务提供人在提供服务和与订户互动方面的义务、订户在数据泄露的情况下的义务。

因此,条文草案确实对身份管理和提供信任服务进行了规范,但程度有限,并没有为规范身份管理和信任服务确立全面的制度。一方面,这种规范是间接的,例如通过规定相关身份管理系统或信任服务的规则是确定可靠性的相关因素,草案第10条和第23条对服务提供人可能希望用来产生法律效力的身份管理系统和信任服务的设计有着间接影响。另一方面,这种规范也是直接的,草案对服务提供人和订户规定了义务。

2."电子身份识别""身份核实"和"信任服务"的概念

工作组收集的评论意见中对"电子身份识别"的概念提出了两个问题,一是"电子身份识别"这一术语可能被误以为是指身份管理的全过程,而不是按照草案中的定义,是基于所出示身份凭证识别的人与身份之间的绑定的验证或确认所构成的各个环节;二是草案中"电子身份识别"的定义与一些身份管理系统和法律制度中所理解的"认证"概念吻合。

对于"身份核实",评论意见中提出该术语可能被误以为是验证或确认被识别的人与身份之间的绑定,即"电子身份识别",而不是指在身份管理过程较早的注册阶段的程序。草案中的"身份核实"是指,身份管理服务提供人(或身份管理系统的其他参与方)收集订户的属性,如个人数据,并在签发身份凭证供订户用于电子身份识别之前,对照诸如民事登记和生命统计系统之类的可信来源核对这些属性。实际上"身份核实"是国际电联采用的术语。

为了避免误解,工作组可能需审议是否需要在条文草案中单独列出身份核实这一项，如果需要，是否应使用不同的术语，如"身份核实"可改为"注册"。

对于"信任服务"概念提出的问题是，给予"信任服务"法律承认和法律效力的条文草案，即第 13 条、第 16 条至第 22 条是否应当转而关注信任服务的产品。本质上，信任服务的产品是信任服务提供人提供的用以验证或确认其他数据的特定品质的数据电文。因此，工作组可能需要审议，是否应当重拟"信任服务"的定义以及第 13 条中给予信任服务法律承认的条文草案，以侧重于信任服务的产品，即在提供信任服务的过程中生成的数据电文。

3. 包纳基于多方合同的身份管理系统

所提交的评论意见表明，条文草案在如何包纳基于多方合同的身份管理系统方面存在一些不确定性。因为这些系统涉及注册代理人、属性提供人和认证提供人等参与方，不同的参与方在一个合同网络之下履行不同职能。包纳基于多方合同的身份管理系统带来两个截然不同但相互关联的问题：第一个问题涉及这些系统的合约基础和当事人意思自治原则。第二个问题涉及多方参与这些系统，并以条文草案目的而确定适当的身份管理服务提供人。

关于第一个问题，条文草案确立了一系列权利和义务，而根据身份管理系统的管辖规则，这些权利和义务可能与身份管理系统各参与方的权利和义务不一致，但这些规则在各参与方之间的合同中是具有法律地位的。条款草案还确立了一种可能（在赔偿、免责声明和责任上限方面），即与根据身份管理系统管辖规则建立的赔偿责任制度不一致的赔偿责任制度。从表面上看，在出现这种不一致时，以条文草案为准。与《电子签字示范法》不同的是，条文草案没有赋予当事人（如身份管理系统的参与方）相互通过合同改变条款效力的权利，这与身份管理的监管方法是一致的。

工作组可能需要澄清，条文草案是否应当具有强制适用性，或者是否应当赋予当事人在当事人意思自治的基础上以合同形式退出条款,转而适用相关身份管理系统的规则的权利。

关于第二个问题,条文草案是以单数提及"身份管理服务提供人"的。虽然条文草案中有些条文对身份管理服务提供人的提及可以解释为若干提供人,但其他条文,特别是第 6 条,是设想由身份管理服务的单一提供人履行一系列职能的,包括身份核实、身份凭证管理以及电子身份识别。工作组可能需要审议,是否需要对条文草案作出调整,以承认可由多个当事人在一个身份管理系统内负责履行职能。所提交的评论意见中提出的一个备选案文是,确定身份管理服务提供人是进行电子身份识别的人(即核实或确认被识别的人与身份之间的绑定的人),同时修改第 6 条,要求该人"确保"其中所列各项职能得到履行,从而允许由身份管理服务提供人以外的人履行这些职能。如果工作组希望考虑这一备选案文,工作组还可能需要审议,根据第 12 条的备选案文 C,身份管理服务提供人将如何对另一参与方未能履行其职能承担责任,以及身份管理服务提供人能否根据身份管理系统的管辖规则抵消其针对该另一参与方的赔偿责任。

4. 与政府运营的身份管理系统的互动

世界各国都建立了身份管理系统,以协助个人、公司与政府服务机构、私营部门进行互动。这些由政府运营的身份管理系统有时是通过立法建立的,但并非总是如此。因此提交的一些评论意见表达出对于条文草案如何与政府运营的身份管理系统互动的关切。具体而言,草案对政府运营的身份管理系统的规定涉及如下几点:

第一,政府机构可以作为商业当事方或者服务提供方,在商业活动以及与贸易有关的服务中使用身份管理系统和信任服务。

第二,不强制性要求政府机构使用身份管理系统或信任服务,有关政府运营的身份管理系统的立法如果与条文草案有任何不一致之处,以立法为准。

第三,不涉及身份管理系统的互操作性或凭证的可移植性问题。

具体而言，条文草案既没有赋予其他身份管理系统的参与方使用由政府运营的身份管理系统签发的身份凭证的任何权利（政府运营的身份管理系统可能受现行法律的限制，包括与隐私和数据保护有关的法律），也没有赋予其进入政府运营的身份管理系统使用这些身份凭证进行电子身份识别的任何权利。

第四，对于源自政府运营的数据库的"属性"或"身份"，或者对于使用由政府运营的身份管理系统签发的身份凭证的电子身份识别（但此种身份管理系统系根据草案第 11 条指定的除外），条文草案并没有在法律上作特别处理。

第 二 章
WTO 数字贸易规则的发展

第一节 电子商务概述

一、电子商务的定义

电子商务一词是在 20 世纪 90 年代中期出现并盛行起来的。[①] 相比较电子交易、电子商业等近似词语,电子商务这一名称的使用最为频繁。电子商务是一个涉及面很广,包容量非常大的范畴。电子商务的运作是一个动态的过程,它涉及信息交换、销售、支付、运输等整个贸易过程。目前对电子商务的解释不尽相同,各个国际组织、政府、学者等都根据自己所处的地位和对电子商务的参与程度,给出了许多表述不同的定义及分类。

(一)国际商会关于电子商务的定义

1997 年 11 月,国际商会在法国巴黎举行了世界电子商务会议,商业、信息技术、法律等领域的专家和政府部门的众多代表在会议上共同探讨了电子商务的概念问题。会议给出了关于电子商务的定义:"电子商务,是指对整个贸易活动实现电子化。从涵盖范围方

[①] Jane K. Winn, Benjamin Wright, *Law of Electronic Commerce (Fourth Edition)*, Aspen Law & Business, 2001, pp. 1–3.

面,也可以看作是外延方面,可以定义为:交易各方以电子交易方式而不是通过当面交换或直接面谈方式进行的任何形式的商业交易;从技术方面可以定义为:电子商务是一种多技术的集合体,包括交换数据(如电子数据交换、电子邮件)、获得数据(共享数据库、电子公告牌)以及自动捕获数据(条形码)等。"①

(二)经济合作与发展组织关于电子商务的定义

经济合作与发展组织(OECD)将电子商务定义为:通过计算机网络,通过专门设计的方式,以接收或下订单为目的,销售或购买货物或服务。货物或服务是通过这些方式订购的,但货物或服务的支付和最终交付不必在网上进行。电子商务交易可以在企业、家庭、个人、政府和其他公共或私人组织之间进行,包括通过网络、外联网或电子数据交换发出的订单,其类型由下订单的方法定义,不包括通过电话、传真或手工键入的电子邮件发出的订单。②

(三)欧共体关于电子商务的定义

欧共体委员会在1997年发布的《欧洲电子商务倡议》中,对于"电子商务"给出的定义是:"电子商务是通过电子方式进行的商务活动。它通过电子方式处理和传递数据,包括文本、声音和图像。它涉及许多方面的活动,包括货物电子贸易和服务、在线数据传递、电子资金划拨、电子证券交易、电子货运单证、商业拍卖、合作设计和工程、在线资料、公共产品获得。它包括了产品(如消费品、专门设备)和服务(如信息服务、金融和法律服务)、传统活动(如健身、体育)和新型活动(如虚拟购物、虚拟训练)。"③

---

① 宋玲主编:《电子商务——21世纪的机遇与挑战》,电子工业出版社1999年版,第1页。

② Guide to Measuring the Information Society,https://Stats.Oecd.Org/Glossary/Detail.Asp?Id=4721,2021年4月28日访问。

③ Commission of the European Communities,A European Initiative in Electronic Commerce,COM(97)157.

第二章
WTO数字贸易规则的发展

（四）WTO关于电子商务的定义

WTO对于电子商务的定义侧重于与贸易相关的一些电子商务活动。1998年，WTO总理事会下属的工作组通过了《电子商务工作计划》，其中将电子商务界定为"通过电子方式进行货物或服务的生产、分销、营销、销售或交付"[①]。

上述主体对电子商务所给出的定义虽然各不相同，但仔细分析还是有共同性存在的，其核心内容还是统一的，即商务、计算机处理、网络。可以这样来理解：计算机处理是手段，网络是载体，商务是内容和目的。因此，至少可以给出这样的解释：电子商务就是通过电子信息技术、网络互联技术和现代通信技术使得交易涉及的各方当事人借助电子方式联系，而无需依靠纸面文件完成单据的传输，以实现整个交易过程的电子化。简单地说，电子商务就是指利用计算机网络进行的商务活动。

二、电子商务的分类

依据不同的标准可对电子商务进行不同的分类，目前较常见的分类标准如下：

一是根据交易主体，电子商务可分为B2B和B2C。前者是指企业间通过电子方式进行整批订单采购或支付款项等的商务活动，后者是指网络虚拟商店向消费者销售商品的活动。

二是根据交易内容，电子商务可分为完全电子商务和不完全电子商务。前者是指交易标的物可在线交付的商务活动，后者是指在线订货、付款而实际交付货物仍通过传统方式实现的商务活动。

经济学家沙夏将电子商务基本交易形式分为四大部分：

第一部分：IT商品的交易。该类商品指一些信息技术商品，包括半导体、电脑等一些高科技商品，这些商品具有可以接入网络或

[①] General Council Decision, Work Programme On Electronic Commerce, WT/L/274.

处理电子商务的物理性质。

第二部分：互联网接入服务。指提供需要接入互联网和处理电子商务的服务，具体包括基础电信服务、增值电信服务等相关服务。

第三部分：通过电子交易的服务。具体指可以通过电子进行交易的服务，包括视听服务、商业服务、金融服务、旅游服务和各种各样的专业服务。

第四部分：数字产品的交易。指以前以实物形式进行交易，但现在能够完全通过互联网进行交易的商品，例如软件、书籍、音乐、电影和游戏。[1]

第二节 WTO体制下有关电子商务规则及政策

随着电子商务的发展，它在国际贸易领域应用的范围越来越广泛，电子商务的特性也越来越明显，这使得WTO总理事会及其各个成员方深刻感受到电子商务发展带来的压力，以及现有国际贸易规则已经不能完全适应电子商务对贸易产生的巨大影响。由于在缔结WTO规则时，网络与电子商务并未像现在这样成为关注的焦点，因而电子商务的出现给现行WTO规则带来了一定程度的不适应或者说冲击。为此，WTO多次展开了关于电子商务议题的研讨，每次研讨中，各成员方都会提出自己的建议。WTO总理事会也做出巨大努力，支持和组织电子商务的国际交流，并将电子商务作为新议题纳入谈判之中，以求WTO能为电子商务这一新事物的更好更快发展制定出相应的规则，以促进国际贸易的发展。

---

[1] Sacha Wunsch-Vinecnt, WTO, E-commerce, and Information Technologies from the Uruguay Round through The Doha Development Agenda, A Report for the UNICT Task Force, 2005, p.14.

第二章
WTO数字贸易规则的发展

一、有关电子商务的政策

(一)《关于全球电子商务的宣言》介绍

1998年5月20日，WTO部长会议在日内瓦通过了《关于全球电子商务的宣言》。该宣言提出，鉴于部长们认识到全球电子商务日益增长，而且为贸易创造了新的机会，特宣言如下：总理事会将在下届特别会议上，确定一个全面性的工作计划，研究在全球电子商务中与贸易相关的诸多问题，包括各成员方目前已提出的问题。WTO相关机构应参加这一工作计划，并且将考虑到发展中国家在经济、金融及发展方面的需求，同时也认识到其他国际论坛正在从事此项工作。总理事会应对工作计划的进展情况以及在第三届会议时提交的行动建议做出报告。为不使工作计划的成果以及成员方在WTO协议下的权利义务受到损害，WTO也宣布成员方将保持现行做法，不对电子传输征收关税。当总理事会在第三届会议作出报告时，总理事会应考虑到工作计划的进程，重新审阅本宣言以及此后将一致通过的后续文件。[①] 该宣言的重大意义在于WTO成员承诺对直接电子商务，即电子传输的进出口贸易给予零关税的待遇。

(二) WTO特别报告：《电子商务与WTO的作用》

这是WTO早期发布的一份特别工作报告，本身并无任何法律拘束力，但是，它阐述了若干电子商务政策。该报告列举了六种可用于电子商务的工具：电话、传真、电视、电子支付和货币转账系统、数据电子交换、互联网。显然，这里使用的是"电子商务"的广泛定义。但是，该报告也承认，在许多讨论中，电子商务仅限于以互联网与其他网络为基础的商务。其他电子商务工具一般需要传统方法的配合，如邮寄或有形的商店，才能进行交易。相比之下，

---

① Ministerial Conference, Declaration On Global Electronic Commerce, WT/MIN(98)/DEC/2.

互联网极大地减少了通信与贸易障碍，因而成为最主要的电子商务工具。目前依托互联网的电子商务发展迅速，也大大促进了国际贸易的发展。

鉴于开放的市场对于全球电子商务的发展至关重要，该报告建议通过行业自律和政府干预，保证：（1）促进正在兴起的全球电信基础的标准化；（2）对基础设施的足够投资；（3）方便用户和提供宽带网；（4）可预见的法律与管制环境，有利于履行合同、保护财产权；（5）保护隐私数据；（6）处理公众可接受或不可接受的规则；（7）可预见的税收和金融管制框架；（8）通过在发达国家、发展中国家进行用户教育，创造平等机会。

该报告认为，与WTO有关的电子商务问题包括：（1）与电子商务有关的基础设施问题，涉及信息技术贸易自由化和基础电信服务。这可以根据《服务贸易总协定》（GATS）来调整各成员的上网服务。（2）与电子传送产品有关的市场准入问题，包括美国与欧盟关于影响网上传输产品的税收协议、美国向WTO总理事会提出的电子传送的关税待遇，以及在WTO框架内电子交易的范畴建议。（3）在最重要的电子商务领域根据GATS采取贸易自由化的方式。（4）WTO在贸易设施方面如何利用互联网和数据电子交换简化贸易与通关管理手续。（5）通过电子商务方式改变政府采购的传统制度。（6）与贸易有关的知识产权问题，尤其是网上的版权和相关权利的保护，以及在未来电子商务发展中商标与域名的关系。（7）从WTO角度看待电子商务的管制问题。①

（三）WTO报告：《电子商务、贸易和新冠肺炎大流行》

WTO于2020年4月28日发布了《电子商务、贸易和新冠肺炎大流行》的报告。报告除了强调了危机期间电子商务的发展外，还探讨了各国政府为促进电子商务而采取的措施以及这些举措面临的

---

① 转引自张乃根：《国际贸易的知识产权法》，复旦大学出版社2007年版，第149—150页。

第二章
WTO数字贸易规则的发展

挑战。各国政府一直致力于提高网络容量，鼓励以很少或没有成本的方式提供扩大的数据服务，降低或取消数字支付和移动货币转账的交易成本。报告还探讨了WTO正在进行的电子商务讨论，以及《贸易便利化协定》如何应对疫情带来的挑战。报告认为，疫情带来的经验教训可以进一步激励全球在电子商务领域的合作，有助于促进商品和服务的跨境流动，缩小数字鸿沟，为小企业创造公平的竞争环境。

为应对疫情而实施的保持社交距离、封锁和其他措施导致消费者增加了网上购物、社交媒体、互联网电话和电话会议以及视频和电影流媒体的使用。这导致了B2C销售的激增和B2B电子商务的增长。医疗用品、家庭必需品和食品的在线销售增长尤为明显，对互联网和移动数据服务的需求也有所增加。运营商和政府迫切需要调整网络容量和频谱，以适应在线服务需求大增的形势。

疫情也使与商品贸易和服务贸易相关的电子商务受到负面影响，包括交货延迟或订单完全被取消。值得注意的是，疫情也进一步加剧了与电子商务有关的一些挑战，如国家内部和国家之间的数字鸿沟、网络容量不足、提供数据服务的成本如数字支付和移动转账交易成本过高、通过电子商务落实贸易便利化措施不充分、价格欺诈、产品安全、网上欺骗、网络安全、满足增加带宽的需求等。

鉴于数字经济在这场危机中发挥的核心作用，疫情凸显了弥合国家内部和国家间数字鸿沟的迫切需要。许多传统障碍已经加剧，并继续阻碍发展中国家，特别是最不发达国家的小生产者、销售者和消费者更多地参与电子商务活动。这突出表明需要高效率和负担得起的信息和通信技术服务，例如电信、计算机和其他信息技术服务以及新兴技术。

各国政府采取了新的措施，私营部门也采取行动以确保电子商务能够帮助缓解在抗击病毒方面面临的一些挑战。这些措施包括提高网络容量，以很少或免费的成本提供扩大的数据服务，降低或取消数字支付和移动资金转账的交易成本,改善快递服务和其他物流,使用数字工具执行措施和传播信息,发展远程保健服务,利用信息通信技术进行监控等。

新冠肺炎疫情的全球性质及其对电子商务的影响可能会促进和加强国际合作,并有助于进一步制定网上采购和供应政策。对疫情的应对表明,电子商务可以成为消费者的一个重要工具/解决方案。电子商务还可以支持小企业,通过提高经济竞争力,使其成为国内增长和国际贸易的经济驱动力。

这场疫情突出了数字技术的普遍重要性,也突出了世界各地的一些弱点,包括与电子商务相关的商品和服务跨境流动受到制约、数字鸿沟加大了发展差距、中小企业缺乏公平竞争环境等。[1]

二、与电子商务有关的规则

(一)《服务贸易总协定》(GATS)介绍

GATS 于 1995 年 1 月生效,这一时间早于互联网的兴起和全球数据流量的爆炸式增长。GATS 规定了对所有服务部门的不歧视和透明度义务。其市场准入义务是在"正面清单"的基础上的,即每一方必须详细列明其所涵盖的特定服务部门。

由于 GATS 不区分交付手段,因此它也涵盖通过电子手段进行的服务贸易。虽然 GATS 对作为电子商务基础的电信和金融服务作出了明确承诺,但它没有明确涵盖数字贸易、信息流动及其他贸易壁垒。在正面清单方法之下,其成员的覆盖范围各不相同,并且在谈判协定时许多新的数字产品和服务还不存在。因此,目前关于电子商务和数据流动等新议题已在 WTO 被提出并讨论。

(二)《信息技术协定》(ITA)介绍

ITA 旨在消除依赖和利用互联网的产品的关税。ITA 最初于

---

[1] WTO, E-Commerce, Trade and the Covid-19 Pandemic, https://www.wto.org/english//tratop_e/covid19_e/ecommerce_report_e.pdf,2021 年 4 月 28 日访问。

1996年达成,在2015年12月WTO第十次部长级会议期间又进行了扩围,并于2016年7月生效。扩围的ITA是WTO关于54个发达和发展中成员的多边协定,涉及的产品占世界贸易总额的90%。一些WTO成员(如越南和印度)是原始ITA的成员,但它们没有加入扩围后的协定。扩围后的协定在最惠国待遇基础上扩展到了所有WTO成员。

扩围的ITA消除了201项信息技术产品的关税,这些产品每年价值超过1.3万亿美元。产品覆盖范围包括很多消费电子产品、新一代半导体(多元件半导体或多元件集成电路)、磁共振成像等医疗器械。据美国贸易代表办公室统计,该协定每年将为价值1800亿美元的出口产品免除关税。成员方还同意,在2018年之前审查协定的范围,确定是否需要随着技术的发展扩大产品的覆盖范围。

虽然ITA有望扩大作为数字贸易基础的技术产品贸易,但它并没有解决可能构成重大限制的非关税壁垒问题。

(三)《与贸易有关的知识产权协定》(TRIPS)介绍

TRIPS于1994年4月15日签署,1995年1月1日起生效,该协定规定了知识产权保护和执法的最低标准。TRIPS没有明确涵盖数字环境中的知识产权保护和执法,对于协定是否适用于数字环境还有争议。

TRIPS涵盖版权及其相关权利(如表演者、录音制作者和广播组织)、商标、专利、商业秘密(作为"未披露信息"类别的一部分)和其他形式的知识产权。TRIPS建立在世界知识产权组织(WIPO)管理的国际知识产权条约的基础上,这些条约可追溯至19世纪。TRIPS通过引用世界知识产权组织公约的主要实质性条款,使这些条款成为TRIPS协定下的义务。WTO成员应在1996年之前充分实施TRIPS,但发展中国家成员可于2000年7月1日、最不发达国家成员可于2021年7月1日之前全面实施协定。

TRIPS旨在保护私有权利人利益与更广泛的公共利益之间达成

权利和义务的平衡。其中包括：WTO 的非歧视原则（国民待遇和最惠国待遇）；知识产权的最低保护标准，例如给予作者生前加死后 50 年的版权保护期限；通过民事侵权诉讼、边界执法和刑事诉讼实施知识产权的最低执法标准；将知识产权争端适用于 WTO 具有约束力的争端解决机制；要求发达国家为向最不发达国家的技术转让提供激励，"使其能够创造一个良好可行的技术基础"。

TRIPS 对版权及相关权利的规定包括对计算机程序和数据汇编的具体规定。该协定要求将计算机程序（无论是源代码还是目标代码）作为《保护文学和艺术作品伯尔尼公约》（简称《伯尔尼公约》）规定下的文学作品加以保护。TRIPS 还澄清，数据库和其他数据或材料的汇编无论是否为机器可读形式，均有资格获得版权保护，即使数据库中包含未受版权保护的数据也不例外。

与 GATS 类似，TRIPS 的诞生早于互联网普及和电子商务大量商业应用的时代。TRIPS 中有一项规定，即 WTO 成员"考虑到任何可能涉及修改或修订协定的新发展动向，应对协定进行审查"。作为 WTO 电子商务工作计划的一部分，TRIPS 理事会已讨论了该协定与电子商务的关系，重点是版权及相关权利、商标和新技术的保护与执行以及这些技术的获得。

（四）世界知识产权组织（WIPO）互联网条约

世界知识产权组织（WIPO）是自《与贸易有关的知识产权协定》（TRIPS）签订以来，解决数字环境带来的知识产权问题的主要论坛。《世界知识产权组织版权条约》（WCT）和《世界知识产权组织表演和录音制品条约》（WPPT）（两者统称为"世界知识产权组织互联网条约"）对数字环境中的知识产权保护制定了国际规则。这些条约于 1996 年达成一致，并于 2002 年生效，但不适用 WTO 争端解决机制。受 TRIPS 影响，"世界知识产权组织互联网条约"旨在阐明现有权利继续适用于数字环境，创造新的在线权利，并在权利所有者和公众之间保持适当的平衡。

"世界知识产权组织互联网条约"的主要特征是规定了防止规避加密等技术保护措施（TPMs）以及取消或更改权利管理信息（RMI）的法律保护和救济措施，其中权利管理信息是指识别作品或其作者以便对其权利（如许可和特许权）进行管理的数据。

在"世界知识产权组织互联网条约"的谈判过程中，提供互联网接入的在线服务提供商和其他通信机构的责任受到了质疑。《世界知识产权组织版权条约》第8条的"议定声明"试图澄清这一问题，该条规定"仅仅为促成或进行传播提供实物设施不致构成本条约或《伯尔尼公约》意义下的传播……"。"世界知识产权组织互联网条约"允许各国政府酌情制定互联网服务提供商（ISP）责任的法律参数。

至2022年7月止，《世界知识产权组织版权条约》有112个缔约方，《世界知识产权组织表演和录音制品条约》有111个缔约方。

第三节 有关电子商务规则的谈判回合

一、有关电子商务规则议题研讨回顾

（一）1986年至1994年乌拉圭回合

早在乌拉圭回合期间，便有国家提出应该把关于电子商务的讨论提上日程，但因当时电子商务发展还很不成熟，所以并没有将其列入正式的谈判日程。

（二）1996年新加坡第一次部长级会议

此次会议的一个重要举措是将电子商务纳入多边贸易体制，并且通过了《关于信息技术产品贸易的部长宣言》。该宣言由正文和附件"关税减让模式及关于产品范围的两个附表"组成。1997年3月该宣言生效，该宣言以及各参加方提交的《信息技术产品关税减让表》构成了《信息技术协议》（ITA）。其核心内容是在2000年1月

1日前取消涉及近300个税号的信息技术产品的关税及其他税费,一些发展中国家可以将减税实施期延至2005年1月1日。之后,WTO还达成了《关于电信服务的附件》,附件的中心条款是要求每个成员方政府保证在向其他成员方的提供者提供成员方承诺表中的服务时,给予合理的非歧视性的公共电信网络和服务的准入和使用。

(三)1998年日内瓦第二次部长级会议

在此次会议上,通过了《全球电子商务宣言》。此宣言的目的在于解决由于电子商务的产生在国际贸易领域引发的一系列重要问题,使这些问题能在WTO的谈判下得以解决。

该宣言指出,WTO总理事会应制定一个全面的工作计划,审查所有由全球电子商务引起的与贸易相关的议题。这个计划应有WTO相关机构的参与,考虑经济、财政及发展中国家的发展需要,并参考其他国际组织的工作。WTO总理事会应向WTO第三次部长级会议报告该工作计划的进展情况并提交建议。另外,WTO成员还应维持不对电子交易征税的现行做法。①

1998年7月14日,WTO秘书处提出了《"WTO协定与电子商务"报告》,初步讨论了《服务贸易总协定》《与贸易相关的知识产权协定》《政府采购协定》《关于实施〈1994年关税与贸易总协定〉第七条的协定》《政府采购透明化工作小组协定》、贸易便利化、《关于信息技术产品贸易的部长宣言》《全球电子商务宣言》与电子商务的关联性等问题。

随后,1998年7月15日至16日,WTO总理事会就如何在1998年9月24日至25日特别会议中决定有关电子商务工作方案交换意见,对以下内容进行了讨论:WTO总理事会应扮演主导的角色,以及相关职责和工作分工;工作方案内容的确定以及是否应先对电子商务的定义及其所属的范围进行界定。最后秘书处草拟了有

---

① Declaration on Global Electronic Commerce, https://www.wto.org/english/tratop_e/ecom_e/mindecl_e.htm, 2021年4月13日访问。

关本议题的工作方案,并于1998年7月底前进行非正式协商。

接下来,经过两个多月的非正式协商,WTO总理事会于1998年9月24日至25日会议通过了《电子商务工作计划》。① 在《电子商务工作计划》中,与电子商务有关的议题被货物贸易委员会、服务贸易理事会、与贸易有关的知识产权理事会、贸易和发展委员会审议。WTO总理事会在整个计划的实施过程中起到中心作用,根据日程安排对《电子商务工作计划》实施经常性的检查回顾,还考虑了任何具有交叉性质的、与贸易有关的议题。另外,《电子商务工作计划》中对电子商务关税的要求都受到WTO总理事会的审查。

(四)1999年西雅图第三次部长级会议

在此次会议上,WTO各相关机构都向总理事会提交了各相关领域的工作进展报告。1999年10月,西雅图会议前夕,总理事会认可了这些报告,并同意在2000年前尽快做出回应。在准备西雅图会议过程中,一些包括发展中国家的代表团呈交了一些意见,认为关于电子商务的议题应被包括在此次会议的部长宣言中。但比较遗憾的是,原计划提议电子商务工作计划的最后工作报告(包括行动建议),因为各成员方的巨大分歧而搁浅。

(五)2001年多哈第四次部长级会议

这次会议通过了《TRIPS与公共健康多哈宣言》(简称《多哈宣言》)。电子商务作为一项单独议题被写入其中,其第34条称:"我们注意到自1998年5月20日'部长宣言'通过以来,总理事会和其他相关团体在电子商务工作计划上做出的成就,并一致同意继续实施该工作计划。迄今为止这项工作表明,电子商务为不同发展水平的成员创造了新的贸易挑战和机遇。我们也认识到,创造和保持

---

① GATT Council, Work Program on Electronic Commerce, G/C/W/128; GATS Council, Work Program on Electronic Commerce, S/C/W/6; CTD, Development Implications of Electronic Commerce, WT/COMTD/W/51; TRIPS Council, The Work Program on Electronic Commerce, IP/C/W/128.

一个有利于电子商务未来发展的环境是多么重要。我们指示总理事会为实施该工作计划设计一个最合理的制度安排，并在第五次部长级会议上作更详细的报告。"《多哈宣言》还声明，在第五次部长级会议之前，各成员方要保持各自目前对电子交易不征收进口关税的惯例。[①]

从2001年至2003年，WTO总理事会共主持召开了五次电子商务专题研讨会（表2-1），讨论有关国际电子商务各方面的问题。

表2-1　世界贸易组织电子商务研讨会时间和提议编号

历届会议	会议时间	提议编号
第一次研讨会	2001年6月15日	WT/GC/W/436
第二次研讨会	2002年5月6日	WT/GC/W/475
第三次研讨会	2002年10月25日	WT/GC/W/486
第四次研讨会	2003年4月8日	WT/GC/W/492
第五次研讨会	2003年5月16日	WT/GC/W/509

（六）2003年坎昆第五次部长级会议

此次会议虽然各成员方未达成任何协议，国际电子商务的谈判也被搁置，但在会议结束之际，部长们发表了"第五届部长级会议部长声明"，并指出：尽管遇到了阻碍，但各成员方仍然重申所有的《多哈宣言》和决议，并再次承诺他们将全面履行。

（七）2005年香港第六次部长级会议

由于在农业问题方面存在相当多的利益分歧，因此在服务贸易谈判中发展中各成员始终坚持，发达成员首先必须在农业问题上做出实质性让步，发展中成员才能在工业品和服务市场准入方面做出让步。总的来说，香港会议并未彻底打破多哈回合谈判的僵局，国际电子商务的谈判也未取得任何进展。

[①] DOHA WTO Ministerial 2001: Ministerial Declaration, http://www.wto.org/English/thewto_e/minist_e/min01_e/minded_e.htm, 2021年4月13日访问。

第二章 WTO 数字贸易规则的发展

（八）2014 年 WTO 大会电子商务工作方案的报告

2013 年 12 月，部长们通过了一项决定，呼吁在《电子商务工作计划》和各 WTO 成员方提交的提案的基础上，基于现有的工作方案和指导方针，继续开展积极的工作。

此外，货物贸易理事会于 2014 年 4 月 9 日、6 月 19 日和 11 月 17 日举行会议，但是没有成员就如何推进电子商务工作提出任何建议。服务贸易委员会于 2014 年 2 月 26 日、5 月 8 日、6 月 20 日、9 月 17 日和 11 月 28 日举行会议，关于电子商务的工作方案每一次都会被列入会议议程，会议讨论了有关电子商务的若干问题和文件。而在贸易和发展委员会于 2014 年 4 月 2 日举行的会议上，尽管一些代表团表示支持关于电子商务的相关决定，并表示有兴趣探索有助于推进这方面工作的方法，但当邀请成员们就可能的工作领域提交书面建议时，没有任何提案被提交。

（九）2015 年至 2018 年间电子商务规则的发展

从 2015 年至 2018 年间，40 余份提案先后被提上 WTO 日程，其中一些甚至已经详细到具体条款。71 个成员部长于 2017 年第十一届部长级会议上达成了《关于电子商务的联合声明》，此次声明还涉及了电子商务的包容性发展。2017 年 12 月 11 日，WTO 围绕电子商务的包容性展开讨论，即要通过为微型、中小型企业创造机遇并扩大消费者的选择，使世界经济更加具有包容性。在 2018 年 10 月 4 日以"2030 年电子商务：促进包容性未来"为主题的高级别会议上，时任 WTO 总干事罗伯特·阿泽维多呼吁国际社会确保目前正在进行的数字革命具有充分的包容性，不让任何人掉队。

（十）2019 年电子商务规则的发展

2019 年 1 月 25 日在瑞士达沃斯举行的电子商务非正式部长级会议上，76 个成员方签署了《关于电子商务的联合声明》，这也意味着电子商务的谈判正式拉开序幕。① 自谈判启动以来，WTO 各成员先后提交的提案多达 30 余份，既涵盖了传统问题又扩充了数字贸易的新规则。截至 2019 年 9 月，已经进行了三次实质性磋商会议。我国先后在 2019 年 4 月、5 月和 9 月向 WTO 递交了三次提案，旨在改善跨境电子商务的贸易环境。② 在 2019 年 12 月 11 日的全球贸易与区块链论坛上，各成员方讨论了对于新技术的问题，即区块链技术的发展，以及该技术对国际贸易的变革和在实施中面临的挑战。同时，包容性发展仍是关注重点。2020 年 1 月 24 日，时任 WTO 总干事罗伯特·阿泽维多在瑞士达沃斯小型部长会议上，又一次传达了谈判要继续秉承包容性理念，争取在下一届部长级会议上取得实质进展。

（十一）2022 年电子商务规则的发展

2022 年 6 月 12 至 17 日，WTO 第 12 届部长级会议在瑞士日内瓦成功举行。会议就 WTO 改革、疫情应对、粮食安全、渔业补贴、电子商务等议题达成一系列协议，成果丰硕。

自 1998 年起，WTO 开始以《电子商务工作计划》部长决定等形式，明确对电子传输临时免征关税，但须经历届部长级会议协商一致后，方可继续维持该做法。WTO 第 12 届部长级会议期间，成员部长达成《关于〈电子商务工作计划〉的部长决定》，表示将重振《电子商务工作计划》相关工作，强调发展维度，加强电子传输临时免征关税的讨论，定期审议有关研究报告，并同意将电子传输临时免征关税的做法延续至下一届部长级会议。

二、议题的主要内容及研讨形式

把电子商务纳为正式议题是在 1998 年于日内瓦举行的 WTO 第二次部长级会议上。此次会议最后形成了重要的《全球电子商务宣

---

① WTO, Joint Statement on Electronic Commerce，WT/L/1056.
② 石静霞：《数字经济背景下的 WTO 电子商务诸边谈判：最新发展及焦点问题》，载《东方法学》2020 年第 2 期。

言》。该宣言规定，WTO将在近期公布有关电子商务工作方案，并要求WTO的成员方在1999年底之前不得对通过互联网进行的贸易征税，该期限后在WTO西雅图会议上被延长。

1998年9月WTO公布了具体的电子商务工作方案。根据该方案，WTO将对电子商务议题持十分谨慎的态度。尤其是，与美国等西方发达国家国内做法不同，WTO并没有计划单独设立电子商务规则框架，而仅试图在WTO原有体系中寻求解决电子商务的办法。

WTO中依据《服务贸易总协定》（GATS）设立的专门处理服务贸易有关事务的机构是服务贸易委员会，它的研究领域广泛，包括：电子商务的范围、电子商务的最惠国待遇和透明度、电子商务的发展中国家参与、电子商务的国内法规和承认、电子商务的竞争和隐私权保护、电子商务提供方式的市场准入、电子商务国民待遇以及关税和分类等。相对而言，该委员会目前是就电子商务议题所得成果最多的部门，成果包括：明确了GATS基本原则同样适用于电子商务的全面涵盖原则；明确了WTO成员方不得因为服务提供方式的不同而制定不同的政策的技术中性原则；明确了GATS所有条款均能应用于电子商务的普遍适用原则。

此外，由该委员会协调和完成的一些行业性国际条约或协定，也不同程度地与电子商务有关。WTO货物贸易委员会的研究方向是与电子商务有关的商品市场准入、海关估价条款的适用性、进口许可证程序、关税和其他税、与电子商务有关的标准和原产地规则以及分类条款等。WTO知识产权委员会主要涉及电子商务的著作权保护、商标保护以及新技术应用等。从整体现状来看，WTO电子商务议题总体上还处于起步阶段，已形成的规则局限于电子商务税收和基于GATS基本原则的市场开放上。

从中、美、欧等主要成员的提案看，由于WTO各成员电子商务发展程度不同，谈判中既有达成的共同诉求，针对某些提案也存在着较大分歧。

现有提案涉及的议题涵盖广泛，但促进电子商务便利发展与保护消费者权益仍是各国共同追求的目标。究其原因，两者不涉及国家主权，且在国际实践中已有经验成熟，① 90 多个成员方已将消费者权益保护写入法律。② 而提案中诸如数据跨境、禁止本地化等更深层次的议题虽然是各方关注的焦点，但仍存在分歧。

（一）美国：引入"数字贸易"新规则

美国在 2019 年 4 月提交的《数字贸易协定》中首次引入"数字贸易"这一新概念，旨在最大程度降低对数字贸易的管制，实现贸易的全面自由。新概念涵盖范围更广并处于不断更新的状态。显然美国认为当下各国谈判的议题已经超过 WTO 传统电子商务概念的范畴，需要进行规则名称升级。"初代"名称蕴含的规则并不深入，而"二代"名称则引入了跨数据流动、非歧视待遇等新规则，既符合电子商务迅猛发展情势，也表明了美国实现贸易统领的野心。③

（二）欧盟：标准高并重视隐私保护

欧盟处于"初代"与"二代"的过渡期，期望通过谈判使原有规则达到更高标准。欧盟提案的重点有三：（1）建议启动电子商务诸边谈判；（2）建议修订 WTO《电信服务参考文件》；（3）谋求更加开放的市场准入。④ 同时，基于对文化多样性保护的考虑，提案并不承诺对视听服务提供服务。此外，欧盟还认为，公民隐私保护是最重要的。欧洲法院在 2014 年的谷歌"被遗忘权"败诉案中，⑤ 裁定

---

① 贺小勇、黄琳琳：《WTO 电子商务规则提案比较及中国之应对》，载《上海政法学院学报（法治论丛）》2020 年第 1 期。

② Graham Greenleaf, Global Data Privacy Laws 2015: 109 Countries, with European Laws Now in A Minority, *Privacy & Business International Report*, Vol. 133, 2015, pp. 14-17.

③ 于鹏：《WTO 电子商务规则谈判新进展及前景》，载《中国经贸导刊》2019 年第 22 期。

④ 石静霞：《数字经济背景下的 WTO 电子商务诸边谈判：最新发展及焦点问题》，载《东方法学》2020 年第 2 期。

⑤ 此案的裁决不仅仅针对谷歌，也影响到所有类似的搜索引擎。法官认为谷歌是数据"监控者"，有义务维护用户隐私，因此用户可以在特殊情况下要求删除涉及隐私的信息，且这种"被遗忘权"可以扩大到全球范围。

谷歌负有在特殊情形下删除搜索结果中涉及公民隐私的数据,《一般数据保护条例》也为欧盟民众的隐私权提供充分法律保障。欧盟提案更明确强调任何数据跨境流动的相关承诺绝不能侵犯公民隐私。

(三) 中国:开拓完善电子商务新环境

中国的提案仍处于"初代"规则阶段。从自身及广大发展中国家角度出发,中国认为当前应致力于开拓完善电子商务新环境,平衡发达国家与发展中国家间的数字鸿沟。中国先后于 2019 年 4 月、5 月和 9 月提交了三次议案。

与美国和欧盟相比,中国在 2019 年 4 月提交的议案侧重笼统的原则性内容,更多的是基于 WTO 现行规则,强调诸边谈判与多边讨论的结合能够最大限度发挥 WTO 的谈判功能。提案建议谈判应围绕以下主题展开:明确界定电子商务的含义、选择行之有效的使用规则、开拓并完善良好的电子商务新环境等。5 月提案也较为常规,主要是电子商务规则、安全例外等综合性议题。9 月提案的重点则在于对信息技术产品的非歧视待遇,包括 WTO 成员间在涉及与电子商务有关的信息产品时应互相给予非歧视待遇,不应限制对利于电子商务发展的信息技术与产品的选择,不应限制信息与通信技术或相关设备的供应,以及不应阻碍相关信息技术产品的供应链。9 月提案的独特源于我国的信息产品和技术[①]受到美国歧视待遇。

总体比较分析看,我国的三次提案更重视国内监管,重视数字贸易中的货物标的,但也局限于传统问题,对跨境数据流动等深入问题并未表明观点。

第四节　WTO 协议与电子商务

一、电子商务议题在 WTO 中的进展

根据对议题研讨的回顾,可以简要总结电子商务在 WTO 中的

---

① 此处的信息产品指华为产品,技术指 5G 技术。

立法进展状况：

首先，WTO将电子商务正式纳入多边贸易体制发生在1996年于新加坡召开的第一届部长级会议。这次会议通过了《关于信息技术产品贸易的部长宣言》。该宣言与《信息技术产品关税减让表》共同构成了《信息技术协议》（ITA）。ITA对电子商务的发展具有重要的意义，这一点体现在协议的50个参加方几乎覆盖了全球信息技术产品贸易的95%。同时ITA中各参加方所作的关税减让承诺必须服从于最惠国待遇原则，也就是说非ITA的参加方也可享受到ITA参加方信息技术产品关税减让所带来的利益。

1997年2月15日WTO又达成了《关于电信服务的附件》，该附件的中心条款主要对公共电信传输网络及服务接入和使用的问题进行了规定。

之后，1998年5月20日，日内瓦召开的第二次部长级会议通过了《全球电子商务宣言》。该宣言的目的在于引导因电子商务而产生的重要问题都能在WTO的谈判下得以解决，并指示WTO总理事会制定一个全面的工作计划，用以审查所有由电子商务引起的与贸易有关的问题。另外，WTO成员方还应维持不对电子交易征税的现行做法。[1] 1998年9月24日至25日，WTO总理事会通过了《电子商务工作计划》。但其中并没有计划单独设立电子商务规则政策框架，而只是试图在WTO原有体系中寻求解决电子商务问题。

之后的2001年，WTO第四次部长级会议通过了《多哈宣言》。其中肯定了总理事会和其他相关团体在电子商务工作计划中取得的成绩，指出电子商务为各成员方创造了新的贸易机遇。《多哈宣言》决定创造并保持有利于电子商务发展的环境。[2]

---

[1] Declaration on Global Electronic Commerce，http：//www.wto.org/englishtratope/ecom a/minded e.htm，2021年4月20日访问。

[2] 转引自张乃根：《国际贸易的知识产权法》，复旦大学出版社2007年版，第149—150页。

二、WTO中三大基础性协议与电子商务

电子商务的相关规定主要集中在《关税与贸易总协定》（GATT）、《服务贸易总协定》（GATS）、《与贸易有关的知识产权协定》（TRIPS）这三个协议上。

（一）《关税与贸易总协定》（GATT）与电子商务

现阶段国际货物贸易的法律框架是1994年的《关税与贸易总协定》（GATT1994）。WTO货物贸易委员会在对与电子商务有关问题进行研究时的主要依据是GATT1994，其研究的内容在以下几方面：

1. 与电子商务相关产品的归类

电子商务出现后，对货物贸易产生了很大的影响。当音乐、电影、软件等不再必然以磁带、光盘等有形载体，可以直接通过互联网进行传输和交易时，这类产品是否仍然属于货物的范畴已经成为确定货物贸易领域规则和电子商务关系的核心问题。面对这一问题，WTO成员意见不一。到目前为止，就该问题的讨论尚未达成共识。但不管最终如何分类，如何对其征收关税都是一个非常复杂的问题。

2. 与电子商务相关商品的市场准入

目前与电子商务相关的货物产品在市场准入问题上关系最密切的就是《信息技术协议》（ITA）。但是在ITA对电子商务的意义问题上，WTO成员却存在着不同的看法：一部分成员认为，只需要逐步扩大ITA的参加方就可以推进电子商务相关货物产品的市场准入。另一部分成员则认为，ITA所确定的产品范围有限，要进一步提高电子商务相关货物产品的市场准入。

3. 与电子商务相关产品的关税征收

WTO成员对于电子产品关税征收的争议主要集中在两方面：第一，是否属于国际贸易的界定问题。电子商务的出现对"常设机构"这种传统界定纳税主体的方法造成冲击。由于难以确定贸易方的国籍，因此也很难界定该贸易是属于国内贸易还是国际贸易。在无法

判断其属于哪种贸易的情况下,关税征收也就难以进行。第二,传统的原产地规则在电子商务中适用困难。目前,在该问题上各成员比较一致的看法是:应按产生该数据之企业所在的国家确认数据原产地,而不是按数据在何处被录入载体确认。

(二)《服务贸易总协定》(GATS)与电子商务

GATS 中与电子商务相关的条款主要关于以下几方面:

1. 电子商务的范围

GATS 第 1 条对服务贸易规定了四种模式,电子商务出现后,对于如何区分这四种模式存在一定的困难。主要表现在:

第一,跨境交付与境外消费区分困难。一般情况下,跨境交付适用服务消费者所在方管理规则,境外消费适用服务提供者所在方的管理规则。在电子商务环境下,不能从消费者的所在地判断出服务传送地址,因此这种情况将直接影响到规则的适用。

第二,跨境交付与商业存在区分困难。电子商务出现后,网上机构将在很大程度上取代传统的物理商业存在方式。

第三,自然人流动方式减少。原本应当通过自然人流动才能提供服务的内容,在电子商务出现后,可以转移到网上进行,如医疗、司法服务、教育等,从而导致这类服务的大幅度减少。

2. 电子商务的最惠国待遇和国民待遇

最惠国待遇和国民待遇都是 GATS 中的重要原则。在电子商务环境下,这两条规则面临的一个共同问题是相同服务该如何确定。WTO 的分类主要是以产品性质并结合产品来源为基础的,当网络环境被引入后,相同性问题已经成为 WTO 中最有争议性的问题之一。

3. 电子商务活动透明度

与传统商业相比,电子商务对信息公开及透明度的要求更高,但现有规定却缺乏信息公开的标准。标准的缺乏导致了一些技术性信息在公开后面临着安全性的威胁,也导致许多应该要公开的标准不公开。这些都将成为电子商务发展的障碍。

第二章
WTO数字贸易规则的发展

4. 发展中国家更多的参与

发达成员要帮助发展中成员发展从事电子商务的基础性条件，如网络基础设施的建设、提供信息技术及电子数据交换技术等方面的帮助。这样对发展中国家更有效地参与世界市场，对全球电子商务的发展都将发挥一定的积极作用。

5. 一般例外原则中的隐私权保护和欺诈行为

随着越来越多的消费者直接或间接地参与到电子商务中来，交易的规模也越来越大。而在这些交易中 GATS 第 14 条[①]所提出的问题可能会出现。因此，澄清这一问题是不可避免的。有关公共道德的条款很可能不会引起质疑，但是其他问题却存在争议，如对隐私权的保护。现实情况使得有必要把有关消费者保护的内容附加在 GATS 中。

（三）《与贸易有关的知识产权协定》（TRIPS）与电子商务

TRIPS 与电子商务相关的内容表现在以下三方面：

1. 版权和相关权利的保护

在网络环境下，如何让版权人的专有权得到有效保护是版权保护制度必须要解决的核心问题。这就决定了 TRIPS 在对版权进行保护的过程中，应当要充分考虑信息技术造成的影响。

2. 商标权的保护

TRIPS 第 2 部分第 2 条对有关商标权的问题作了规定，但是条款没有指出在电子商务中以网络手段侵犯商标权的行为是否可以参考通常的商标侵犯标准来认定。因此，即使商标权的丧失已然成为事实，但侵权行为也得不到确定。这也导致了成员方之间在国内法的补充问题上产生了分歧。

3. 域名的保护

域名与商标、商号在法律上有一定的相似性，但是域名又和商

[①] 《服务贸易总协定》第 14 条（一般例外）特别强调，为了保护与个人信息处理和传播有关的个人隐私、保护个人记录和账户的机密性、保护公共道德或维持公共秩序以及防止欺骗和欺诈行为，各成员政府可以采用和实施一些必要的措施。

标、商号有一定的区别。域名允许相似，而注册商标却不允许与其有相同或相似的文字、图形和组合。因此对于企业的商标来说，可以通过注册联合商标来保护权益，但对于域名而言则很难通过这种手段来保护自己的合法权益。因此，TRIPS可以扩展现有知识产权的保护范围，将域名作为一种知识产权的新型客体加以保护。

第五节　WTO体制下电子商务议题的焦点问题分析

一、归属问题

WTO电子商务议题谈判的中心问题是电子商务的归属问题，这也是一个基础性的问题。这种归属性问题主要体现在电子商务应该属于《服务贸易总协定》（GATS）还是《关税与贸易总协定》（GATT）。二者都是以促进国际贸易自由化为宗旨的，但由于服务业自身的性质和国际服务贸易发展的不平衡，GATS与GATT在核心规则的实施上存在较大差异。这些差别主要表现在以下几方面：

第一，市场准入的不同。GATT的市场准入是一般性义务，而GATS中的市场准入是各缔约方承担的特定义务或者说是具体承诺，这样各方可在市场准入的部门中根据自己的经济发展水平施加一定的限制。另外，GATT禁止配额，而GATS通过其第16条的规定是允许配额存在的，如何实施取决于各方的市场准入时间表。

第二，国民待遇的不同。GATT中的国民待遇是一般性义务，而GATS中的国民待遇是具体承诺，各方可以加以一定的限制，这和市场准入是一样的。另外，在GATT中，国民待遇只给予产品而不给予产品的生产者，而在GATS中，由于多数服务业产品的生产与提供和生产者无法分离，因此国民待遇不仅给予服务本身，也给予服务生产者。

第三，最惠国待遇的不同。与第二点类似，GATT中的最惠国待遇只给予产品，而GATS中最惠国待遇还给予服务生产者。

第二章
WTO数字贸易规则的发展

第四，在GATT下，成员如果没有将关税水平约束到零，对进口就要征收关税，而GATS除了指出任何税收体制都必须与成员在具体承诺减让表中就国民待遇作出的承诺一致外，就基本不再涉及关税和其他税费。

第五，GATT的重点是跨境的货物贸易，而GATS除了涉及跨境贸易外，还将在外国司法管辖权下的商业存在和自然人流动等问题作为服务贸易的一部分来考虑。

目前的焦点问题是，电子商务的相关问题是在GATT框架下讨论，还是在GATS框架下讨论。

(一) 主张归属GATT

主张该观点的主要是美国以及一些发达国家，其原因如下：

GATT的使用时间较长，其规则相对比较完善，而GATS的使用时间较短，许多规则还有待进一步的发展。GATT比GATS更有利之处主要体现在：(1) 在GATT规制下的贸易，强制性适用国民待遇原则，而在GATS中，各成员只要在其减让表中做出承诺就能够拒绝适用GATS中的国民待遇。(2) GATT禁止采取数量限制，而在GATS中，如果某一成员对市场准入没有做出充分承诺，就允许其进行数量限制。(3) 就技术标准和卫生措施而言，GATT提供了许多GATS中尚未存在的管理纪律。GATT中的管理纪律确保国内法规不会阻碍贸易发展，同时坚持使用国际标准。而GATS缺乏此类规章制度。(4) 与GATT相比，GATS没有有关反倾销、反补贴、保障措施、与贸易有关的投资措施或原产地规则等协定，且尚没有证据表明即将在GATS中缔结有关这些规则的情况。两者的差异进一步表明，GATT的自由化程度比后者更加广泛。因此，美国和一些发达国家主张把电子商务归为货物而不是服务的贸易发展。

(二) 主张归属GATS

主张此观点的是欧盟。它认为，货物贸易载体中的软件与服务贸易在线交付的软件不是相同产品，不能使用技术中性原则进行比较，不能给予相同的市场准入和国民待遇。欧盟持这一观点的理由如下：

首先，就目前状况来看，虽然GATT的确为跨境电子产品贸易提供了更有利的贸易框架，但这不是长久之计。因为从长远来看，GATS比GATT更有利于电子商务的自由发展。

GATS框架下允许四种不同的分销模式：跨境交付模式、境外消费模式、商业存在模式和自然人流动模式。因此，如果根据GATS作出充分承诺，也许能获得远远高于在GATT框架下可以获得的自由化程度。WTO成员可以在他们的减让表中作出承诺来保证外国直接投资和自然人流动模式的自由发展，而GATT中并没有解决这些方面的市场准入。基于上述事实，从短期看，将电子商务归属于GATT确实有利于电子商务的发展，然而，从长远来看也许恰恰相反。就技术中性原则而言，欧盟主张这一原则仅仅存在于某一贸易协定之中，而不可能存在于多个贸易协定之中。

其次，GATT对货物的分类依据的是"商品描述和代码的协调体系"（HS），但这一分类并不全面。它把货物分类建立在物理特征上，而不是建立在其最终用途之上。例如，电影这样的数字产品不具有真正意义上的物理特征，因而HS并没有为这种"内容"提供任何恰当的类别。此外，GATS中的《电信协议附件》《基础电信协议》以及在服务领域贸易自由化的承诺已经为电子商务基础设施的发展打下了良好的基石，为进一步规范电子商务提供了一个框架。

最后，潜在的商业模式意味着电子商务归属为服务。网络的服务经济表明，像软件这样的产品的商业模式越来越依赖于补充性的电子服务。现在购买软件不再是一次性的，在线软件的支持和升级加深了生产者和消费者之间的联系。这些日渐增加的功能和服务成分也使现在的软件不再是传统意义上的软件的"同类产品"。

（三）主张混合管理

日本代表认为，如果对于最惠国待遇、国民待遇、禁止数量限制和市场准入不加限制地承认，那么谈论电子商务的归属问题就没有任何意义。因此，他们提出了一种混合管理方法，即把电子商务归属于 GATS，但保证 GATT 层次上的市场准入。起初，这一方法在 WTO 代表中是颇受欢迎的。但是从实践来看，这些数字产品将以一种或多种服务形式出现。在这种情况下，各成员方有关 GATS 的承诺必须要反映 GATT 规则，也就是说要把 GATT 规则转变成为市场准入和国民待遇承诺，而这是非常不现实的。

关于电子商务归类问题的谈判已经进入瓶颈阶段。现状是，WTO 的历次谈判关于电子商务达成一致的仅有暂时维持不对电子传输产品征税这一问题。但这一问题也只是宣言性质的，并无法律效力。也就是说，WTO 关于电子商务议题还没有任何实质性的进展，也没有任何有法律约束力的文件。究其原因，无非是各成员方在归类问题上存在严重分歧，该问题无法解决必将导致关于电子商务的谈判陷入僵局。

二、选择模式

在 GATS 中，服务贸易分为 4 种模式：跨境交付、境外消费、商业存在和自然人流动。

跨境交付（cross-border supply）是指一成员服务提供者在其境内向在任何其他成员境内服务消费者提供服务，以获取报酬。这种模式是典型的"跨国界贸易性服务"。它的特点是服务的提供者和消费者分处于不同的国家，在服务提供的过程中，服务内容本身已跨越了国界。这类服务贸易充分体现了国际贸易的一般特征，是国际服务贸易的基本形式。

境外消费（consumption abroad）是指一成员的服务提供者在其境内向来自任何其他成员的服务消费者提供服务，以获取报酬。它的特点是服务消费者在任何其他成员境内接受服务。

商业存在（commercial presence）是指一成员的服务提供者在任

何其他成员境内建立商业机构（附属企业或分支机构），为所在国和其他成员的服务消费者提供服务，以获取报酬。它的特点是服务提供者（个人、企业或经济实体）到境外提供服务，如投资设立合资、合作或独资的服务型企业。

自然人流动（movement of natural persons）是指一成员的自然人（服务提供者）到任何其他成员境内提供服务，以获取报酬。它的特点是服务提供者在境外向服务消费者提供服务。

但是，GATS对服务的分类规则不能满足处理快速发展的电子商务的需要。在电子传输中，没有这种泾渭分明的客观标准，尤其是跨境交付、境外消费在电子商务方面的区别并不明显。因为电子商务的提供和消费并不总是要求消费者出现，其提交亦不需要消费者实际出现或在场。与互联网相联系的电子商务可以使服务在世界上几乎所有的地方得到提交。一旦消费者的实际出现不再成为服务提交地的基准，那么要确定服务的提交地就变得非常困难。

三、市场准入

GATT要求成员方通过承诺降低关税来实现货物贸易的市场准入，而GATS则要求成员方通过直接承诺某一服务部门外国服务和服务提供者的进入来实现市场准入。电子商务的市场准入包括网络基础设施（主要是软件与硬件）的准入、网络服务的准入和电子商务服务的准入三部分。前两部分共同构成针对互联网的准入，而电子商务服务的准入则是关于在可进行电子化贸易的服务方面所作的专门承诺。三者共同构成了电子商务的市场准入体系。

（一）网络基础设施的市场准入

1997年3月，WTO的40个成员方参加谈判并达成《信息技术协定》（ITA），这让WTO对网络基础设施的市场准入问题得到基本解决。该协定承诺，发达成员在2000年1月1日前，发展中成员在2005年前取消计算机硬件、通信设备、半导体和信息生产设备等近

300种信息技术产品的关税（不包括电视、录像机等消费类电子产品）。WTO信息技术产品贸易委员会还讨论了信息技术产品贸易未来发展中有关市场准入的一些深层次问题。如《信息技术协定》成员方的扩大、信息技术产品分类的细化、信息技术产品范围的扩展以及信息技术产品贸易中的非关税壁垒等问题。

（二）网络服务的市场准入

在网络服务的市场准入方面，GATS的第8条、《电信协议附件》以及《基础电信协议》中有关管理规则的参考文件共同对其进行要求。

首先，GATS第8条规定，各成员的垄断服务提供者，不论是直接还是通过其分支机构，都要在承诺范围内、于参与提供服务的竞争时确保在境内不滥用其垄断地位，不采取与其承诺不一致的行动来排除独占。

其次，GATS《电信协议附件》规定，各成员应确保其他成员的服务提供者在合理的和非歧视性原则的条件下提供承诺清单中的服务，并能进入和使用公共电信传输网络及其服务，以保证网络的可用性。

该附件在两个方面超过了GATS第8条，一方面对于列入成员方承诺表中的服务，即使成员方没有对这种服务给予国民待遇承诺，该附件也给予外国提供者非歧视性的公共电信传输网络和服务的准入；另一方面在适用公共电信传输网络与服务准入条款时，不考虑这些服务是否由垄断或是竞争公司所提供。

最后，《基础电信协议》中有关管理规则的参考文件对各成员方的境内管制做出了"附加承诺"。主要列举了一些规范性原则，如不正当竞争行为、信息滥用、公开许可标准、非歧视服务等。除此之外，各成员关于国民待遇和市场准入的具体承诺与网络准入也有相关性。

(三）电子商务服务的市场准入

GATT 和 GATS 构成了较完善的市场准入机制。目前争议的焦点问题是，这两个机制是否独立或共同为处理电子商务的市场准入问题提供了适当框架。

在电子服务准入上至少要探讨以下几个问题：（1）电子商务服务是否被允许进入成员市场？（2）电子商务服务可在多大程度上进入成员市场？（3）伴随着新技术产生的新增的电子服务是否被允许进入市场？对于第三个问题，成员们面临着两难的选择：一方面，允许新增服务进入市场，符合技术进步的要求，有利于电子商务的发展，但成员的贸易利益会因此受到威胁。更严重的是，由于技术进步的不确定性很大，未来某一时间，成员可能会为履行具体承诺而丧失大量本国市场。另一方面，如果不允许新增服务进入市场，各国研究电子商务的积极性将受挫，电子商务的发展进程会因此减缓，从长期来看这不利于各成员获取贸易利益。

四、关税征收

电子商务的兴起给现行税收政策带来了极大的机遇和挑战。在 WTO 体制内，税收问题主要是指关税问题。从本质上说，关税问题又与归属问题联系在一起。如果电子传输最终被定为服务贸易，那么自然不存在关税问题。但因为归属尚不明确，所以关税问题也争议不断。

（一）贸易地点确定有难度

在电子商务条件下，大部分的交易是买卖双方在虚拟的空间里进行的，因此很难甚至无法确定交易人所在地和实体上的贸易地点，要正确划分应由哪国政府的税务机构向何人征收税款的难度很大。

根据 GATT，跨越国界但没有载体的电子传输到目前为止尚未被看作是一种真正意义上的货物进口或出口。这就引发了一个根本问题，即如何确定出口界线。因此，关税在此种情况下也就发挥不了作用。

(二) 原产地规则的适用遭遇难题

原产地规则旨在进行除关税优惠之外的原产地规则的长期协调，以保证这些规则本身不会构成不必要的贸易壁垒。但随着电子商务的开展，当数据以电子方式传输时，原产地规则的适用就会产生困难。在此种情况下，确认电子传输物（已被认定为货物）的原产地将非常困难，因为无法确认数据最初是由谁写入的、从哪里写入的。目前，在这一问题上各成员比较一致的看法是：对于数据原产地的确认，应按产生该数据的企业所在国家进行确认，而不是按数据在何处被录入载体进行确认。

(三) 海关估价受阻

在电子商务的环境中，海关估价难题集中在对"载有软件的载体"该如何估价的问题上。现存估价原则赋予了成员征税时的选择权，即要么按买卖这一载体的交易额（包含了软件的价值）进行征税，要么仅按载体本身的价值作为征税基础进行征税。这个原则更深层的含义是，进口的实际是载体，软件只是附属，在没有载体的情况下，无论软件是通过有线、卫星，还是其他方式进行传输，都不产生征税问题。但这显然无法适应电子商务中日益增长的软件交易的情况。

此外还应注意到，商业性的软件电子传输，对买方而言，购买的其实是一种许可权，而不是程序本身，程序本身仍然是生产和分销它们的公司的财产。在这种情况下，就产生了对电子商务中服务估价的问题。估价时，不是考虑软件本身或其所包含的特定信息的价值，而是考虑许可或对所传输的内容使用权的价值。

(四) 有效征税凭证消失

电子商务出现后，买卖双方的订货、支付几乎都通过网络进行。但是，有些交易所涉及的商品是无形物，不需要通过传统的运输方式就可以实现传输，在传输过程中也不需要通过常规的海关检查。

这样，海关失去了对这一类型商品的监督和控制，有效的征税凭证消失，这给关税的征收带来了困难。

(五) 零关税政策的争议

是否应对电子商务免征关税是一个亟待解决的问题。以美国为代表的发达国家积极倡导对电子商务永久性免征关税。他们认为，在互联网上进行商业交易应该遵循民间主导发展的原则，政府要少干预，少限制，尽可能鼓励民间企业自行建立交易规则。而以印度、巴基斯坦等国为代表的发展中国家则坚决反对对电子商务长期免征关税。1998年2月19日，美国贸易代表向WTO总理事会提交了一份旨在规范网络贸易税收，实现网上交易零关税的议案，寻求在WTO成员方之间达成"保持不对电子传输征收关税的现行做法"。美国的初衷是要为通过互联网完成的交易达成一项永久性的免除关税的协定，但遭到印度、巴基斯坦、墨西哥、委内瑞拉等发展中国家的反对。最后经过协商，WTO成员通过《关于信息技术产品贸易的部长宣言》宣布，暂时不对电子传输征收关税直到下届部长级会议召开。

发达国家倡导电子商务零关税，基于如下理由：

第一，发达国家希望通过这一优惠措施大力推广电子商务这种新兴商业模式。发达国家在信息技术、高科技产品和电子商务方面具有很大的优势，信息技术产业的发展已经基本成熟。尤其是美国，有硅谷的强大科技力量作后盾，一直是信息技术产品的净出口国，软件产业已经成为美国的支柱产业，电子商务的零关税对美国的好处是不言而喻的。

第二，从实际操作情况看，很难从税收的角度对数字产品的电子商务实行有力的控制从而对其征收关税。

第三，根据《信息技术协定》(ITA)，对于数字产品中占很大一部分的计算机软件产品来说，许多发达国家已经实现了对其的零关税。

通过对《关于信息技术产品贸易的部长宣言》进一步分析，可

第二章
WTO 数字贸易规则的发展

知：(1) 该宣言规定的仅仅是对网络电子传输免征关税，那些在国际互联网上购买后仍然以实物运输的电子商务形式并没有涉及。(2) 该宣言针对的是关税，而不是任何其他税项。(3) 该宣言采取的是临时免征的方式，不具有协议的法律确定性和稳定性。(4) WTO 成员方对此还存在意见分歧，发达国家尤其是美国是极力赞成的，而发展中国家对临时免征这种做法持谨慎、怀疑的态度。发展中国家对于零关税政策之所以持谨慎、怀疑态度，主要是因为就目前来说，发展中国家是电子商务的净进口国，而且从关税税率角度看，美国等发达国家属于低关税国家，电子商务的零关税对其财政收入的损失较小；而发展中国家，关税税率相对较高，他们的进口关税总体上要比发达国家高很多，关税收入仍是这些国家一项重要的财政来源。发展中国家担心长时间对电子传输实行零关税，会使国家财政收入受到重大影响。因此，进口关税对于发展中国家的财政收入至关重要，关税的调整对于发展中国家的影响要远远大于发达国家。虽然目前对于电子传输零关税政策究竟会给一国财政收入带来多大的影响还没有定论，但发展中国家对于进口关税的高度依赖性，使得无论如何调整现行的关税政策都将引起他们的关注。

综上所述，将归属问题、模式选择、市场准入和关税征收确定为现阶段电子商务议题面临的焦点问题，对它们进行重点分析，一方面是因为当 WTO 要求货物贸易理事会、服务贸易委员会、与贸易有关的知识产权贸易理事会、贸易与发展委员会分别对电子商务议题专题研究时，这些是成员方争议最多的问题；另一方面，WTO 研究电子商务议题是以传统方式为思考模式，纵向的以 WTO 为起点进行的。传统方式有利于细分电子商务对各部门产生的不同影响，但是过于分散。从电子商务角度出发，横向研究电子商务这一整体与现行 WTO 规则之间的冲撞，更有利于解决上述争议。正是由于数字化产品的特性，使得电子商务不同于其他贸易方式而不能够轻易地归类于 GATT 或 GATS 下进行管制。

第 三 章
美国数字贸易规则的发展

随着数字经济的蓬勃发展,同时伴随着海量个人数据的处理与流转,资本的跨境自由流动日益活跃。在数字经济规则体系的建立过程中,美国率先制定的相关监管规则对其他各国的政策法规产生了显著影响。美国国内的数字贸易规则并无专门的联邦成文立法,而是散见于各项报告文件、部门法律及各州立法中。

第一节 美国对数字贸易的定义

美国并无统一的正式文件对数字贸易进行定义。数字贸易的概念散见于各类文件当中,定义并不完全相同。

2013年7月,美国国际贸易委员会在《美国与全球经济中的数字贸易Ⅰ》[①]中,首次把数字贸易定义为通过互联网传输而实现的产品和服务的商业活动。该定义相对狭隘。2014年8月该机构在《美国与全球经济中的数字贸易Ⅱ》[②]中,又对数字贸易的定义进

[①] U. S. International Trade Commission, Digital Trade in the U. S. and Global Economies, Part 1, 2013.

[②] U. S. International Trade Commission, Digital Trade in the U. S. and Global Economies, Part 2, 2014.

行了修正，将其定义为依赖互联网和互联网技术建立的国内贸易和国际贸易，其中互联网和互联网技术在订购、生产，以及产品和服务的交付中发挥关键作用。2014年修正的定义相对于2013年的定义，范围更广，并着重强调了互联网作为支撑技术在数字贸易中的关键作用。

2017年，美国贸易代表办公室在《数字贸易的主要障碍》中提到数字贸易是一个广泛的概念，它不仅涵盖互联网上消费产品的销售和在线服务的供应，还包括支持全球价值链，支持智能制造的服务以及无数其他平台和应用的数据流动。几乎所有业务的某些部分都是数字化的，每个行业都利用数字技术进行国际竞争。

2018年，美国商务部发布的《北美数字贸易》报告开头提到，"许多组织使用术语'数字贸易'来描述通过网络（例如互联网）和跨地理边界发生的一系列活动。当一个国家的企业向另一个国家的实体销售服务并通过互联网提供该服务时，就会出现最明确的数字贸易形式。然而，电子商务，或通过网络购买和销售商品，也被许多人视为数字贸易。还有人认为，无论是否涉及货币交易，任何数字信息或服务转移都属于此类别。例如，朋友之间的电子邮件、社交媒体、人事档案、供应链信息，甚至是来自跨国企业总部的电子邮件到其海外的一个附属公司都属于其中。"[1]

美国商务部下设的经济分析局在2018年工作报告《定义和衡量数字经济》中认为，数字经济包括：(1) 计算机网络运行所需的数字基础设施；(2) 使用该系统进行的数字交易（"电子商务"）；(3) 数字经济使用者创造和获得的内容（"数字媒体"）。[2]

---

[1] U. S. Department of Commerce Economics and Statistics Administration Office of the Chief Economist, Digital Trade in North America, 2018.

[2] Bureau of Economic Analysis, Defining and Measuring the Digital Economy, Working Paper, 2018.

第二节　美国的数字贸易相关政策

一、美国商务部

(一) 商务部相关报告

美国商务部对数字经济的关注起步较早，1998 年就首次提出了数字经济的相关概念。从 1998 年至今，美国商务部几乎每年都会发布关于数字经济的年度报告，报告内容也随着经济的发展不断变化，体现了美国对数字经济的重视。这些报告对其他经济体的数字经济政策，具有极大的参考作用。

1998 年美国商务部发布《浮现中的数字经济》[1]，这是美国第一次注意到互联网带动的信息技术发展对经济的影响。报告的第 6—8 章主题分别为"数字时代的消费者""数字时代的劳动者"以及"前方的挑战"，专门探讨了数字经济对消费者、劳动者和政府的影响。其中提到未来政府需要转变职能，为电子商务的发展提供便利。

1999 年 6 月美国商务部发布《浮现中的数字经济 2》[2]，继续讨论了电子商务和信息技术对美国经济社会的影响。其中提到电子商务的普及化程度提高，信息技术业占经济总量的比重迅速提高，与信息技术有关的制造业的产值大幅增加，信息技术带动了就业等内容。

2000 年 6 月美国商务部发布《数字经济 2000》[3]。该报告探讨了数字经济的新特点，即数字经济具有更高速并且可持续的发展性，与信息技术有关的投资带动了商业的发展。美国 IT 产业向拥有更低成本的海外转移，导致美国企业面临和海外企业的竞争。传统的经济统计方法再也无法全面地反映数字经济带来的产业生产力增长，

---

[1]　U. S. Department of Commerce, The Emerging Digital Economy, 1998.
[2]　U. S. Department of Commerce, The Emerging Digital Economy II, 1999.
[3]　U. S. Department of Commerce, Digital Economy 2000, 2000.

第三章
美国数字贸易规则的发展

统计部门需要探索更加合适的方法。

2002年2月美国商务部发布《数字经济2002》，其中表达了对数字经济的乐观支持态度。该报告指出，尽管当前经济不景气，IT产业的相关投资缩减，数字新经济仍将继续发展。美国社会仍将从信息技术产业的发展中受益。报告分为七章，标题分别为："尽管IT投资减少，新经济仍在持续发展""持续发展的网上环境""新经济中的信息产业""信息技术的应用对生产率和通货膨胀的行业性影响""新经济中的就业研究""信息技术产品和服务的国际性销售""远程学习：IT对教育的冲击"。

同年，美国商务部还发布了《数字时代的主流道路——中小型企业如何利用新经济》的报告，[①] 探讨了中小型企业如何参与数字经济，主要围绕IT的投资、线上活动以及其员工利用计算机网络的情况来分析。该报告指出，小企业确实在投资和使用新经济的工具，尽管投资额较小，但是各行各业的中小型企业都在投资和利用信息技术。

2003年美国商务部继续发布《数字经济2003》报告，报告讨论了7大话题，即"信息技术生产业——2003年的希望之兆""数字经济中的信息技术员工""信息技术产品与服务的国际销售""信息技术应用对总生产率的行业层面影响、信息技术和经济业绩：来自微观数据研究的证据""信息技术在生命科学研发中的作用""数字化转型：信息、互动和身份"。

2013年美国商务部下属的国家电信信息管理局和经济数据管理局发布了《探索数字国家——美国新兴的在线体验》报告。[②] 该报告对美国人在线活动的数据进行了统计，包含从5万多个家庭收集的

[①] U. S. Department of Commerce Economics and Statistics Administration, Main Street in the Digital Age: How Small and Medium-Sized Businesses Are Using the Tools of the New Economy, 2002.

[②] U. S. Department of Commerce National Telecommunications and Information Administration and Economics and Statistics Administration, Exploring the Digital Nation: America's Emerging Online Experience, 2013.

信息，涉及美国人的网络活动，包括娱乐、与朋友交流、找工作和培训，以及健康状况和护理等。

2014年美国商务部发布《数字经济与跨境贸易：数字可交付服务的价值的报告》。美国商务部下设的经济分析局认为数字可交付服务包括五类：跨境服务商业、专业和技术服务（建筑除外），特许权使用费和许可费服务，保险服务，金融服务，电信服务。该报告指出，美国决策者对数字经济的主要担忧包括保护隐私和安全（即保护个人和商业数据），促进信息的自由流动以及避免本地化要求。报告认为，对数据流动的限制会阻碍互联网的贸易，一些国家过于重视隐私政策可能会阻碍互联网商品服务的自由交换。虽然平衡和明确的知识产权政策促进了信息的自由流动以及创新，但对信息流动的限制可能以不公平或不透明的方式出现，或者超过必要限度。虽然本地化要求可能符合某些国家目标，但当它们不合理地区分国内和国外的产品或服务时，就变成变相的贸易壁垒。

2015年美国商务部发布《数据职业在美国经济中的重要性》，其中认为，数据在经济中日益增长的重要性很难引起争议。[①] 这对工人和工作意味着更高的薪水和更多的工作量。报告确定了对数据分析和处理有重要需求的职业，并衡量了这些职业的就业和收入规模。

2018年美国商务部发表了《北美数字贸易》报告。其中提到，尽管无法准确计算美国的数字贸易额，但确实可以估算"潜在的信息通信技术"服务（PICTE服务）的贸易额。[②] PICTE服务主要通过信息通信技术（ICT）实现网络远程交付，例如保险服务、金融服务和工程服务，不需要服务供应商和客户处在同一地区，便可以通过数字网络提供服务。2016年，作为美国所有服务贸易的一部分，PICTE服务占出口量的54%，进口量的48%。PICTE服务贸易顺

[①] U.S. Department of Commerce Economics and Statistics Administration, The Importance of Data Occupations in the U. S. Economy, 2015.

[②] 《北美数字贸易》，http://www.sccwto.org/post/25265? locale = zh-CN，2021年5月12日访问。

差为 1595 亿美元,占 2016 年美国服务贸易顺差总额的 64％。证据表明,在美国与加拿大和墨西哥之间交易的所有服务中,大约有一半是在互联网或其他数据网络中通过跨境数据流动实现的。

2018 年美国商务部下设的经济分析局公布了《定义和衡量数字经济》的工作报告,其中提出了数字经济卫星账户概念,这一概念涉及所有与数字经济有关的货物和服务,也是全面衡量数字经济对 GDP 贡献的第一步。美国经济分析局估计,从 2006 年到 2016 年,数字经济实际增加值的年均增长率为 5.6％,超过了整体经济年均 1.5％的增长率。2016 年,数字经济成为整体经济的显著贡献者。全面衡量数字经济对 GDP 的贡献可分为三个步骤进行:一是建立对数字经济概念性的解释;二是在供给—使用的框架下,确认哪些货物和服务与衡量数字经济有关;三是利用供给—使用框架,识别出生产货物和服务的相关行业,并估算相关经济活动中的产出、增加值、雇佣情况、补贴以及其他因素。①

(二)"数字专员"(Digital Attaché)项目

2016 年 3 月 11 日,当时的美国商务部部长佩尼·普里兹克宣布,为应对全球数字贸易壁垒,保持美国经济的可持续增长,为美国企业和工人创造更多的机会,美国将启动"数字专员"项目。② 该项目于 2016 年 3 月开始,最初要进行为期 6 个月的试点,计划于 2016 年 9 月结束。该计划选出了六个目标市场的现有商业服务官员,让他们担任数字贸易官员。六个试点市场包括四个国家(巴西、中国、印度、日本)和两个地区(东盟、欧盟)。2017 年 12 月,该计划又扩展了六个新市场:韩国、印度尼西亚、墨西哥、南非、德国和法国。计划是根据利益相关方的反馈和对潜力的内部评估来选择

---

① 徐清源、单志广、马潮江:《国内外数字经济测度指标体系研究综述》,载《调研世界》2018 年第 11 期。

② The Digital Attaché Program, https://www.export.gov/digital-attache, 2021 年 4 月 12 日访问。

市场的。

美国商务部和国际贸易管理局会优先确保所有美国公司都能够进入数字经济和全球市场。为了实现这一目标,该部门通过国际贸易管理局的商业服务部门,在上述12个市场的大使馆办事处建立了一个"数字贸易官"专家网络,以帮助美国公司增加国际市场准入,并克服监管或政策挑战。数字贸易官员的职责包括帮助美国公司增加出口、进入全球在线市场以及应对数字经济政策挑战。"数字专员"项目由美国商务部下属的国际贸易管理局牵头,并与美国商务部的其他厅局、美国国务院的有关部门以及其他利益相关方共同实施。该项目可以促进美国的商业外交,扩大美国政策宣传的影响力,解决技术问题,增强贸易政策和贸易促进的联系,为美国中小企业充分利用电子商务带来的机遇和成果提供援助。

(三)美国商务部《数字经济议程》

2015年11月9日,美国商务部发布《数字经济议程》[1],其中明确支持美国互联网的经济转型。议程主要聚焦四个方面:一是自由开放的互联网,二是互联网信任和安全,三是互联网接入和技能,四是创新和新兴技术。美国认为自由的、开放的、将数据和服务跨境流动的壁垒限制在最低程度的互联网,是数字经济取得成功的关键。但美国已经注意到跨境信息流动中的壁垒,如各国政府设置的数据本土化要求、平台监管以及安全政策等。美国企业需要一套能够增进全球信任的框架,以及对美国企业公平的国际规则。如果企业和消费者不信任互联网的安全和隐私,那么数字经济将无法取得成功。

二、美国贸易代表办公室

美国商务部和美国贸易代表办公室共同建立了数字经济产业咨

---

[1] U. S. Department of Commerce, Commerce Department Digital Economy Agenda, 2015.

第三章 美国数字贸易规则的发展

询委员会[①]。其网站显示,该委员会设有主席1人,第一副主席1人,第二副主席1人,委员11人。[②] 其设立章程显示,该组织宗旨和目标是为美国商务部和贸易代表办公室就关于美国《贸易法》第135条第（a）款第（1）项和第（2）项产业贸易的相关事项提供建议和咨询,可以就贸易壁垒、贸易协定的磋商、现行贸易协定有关数字经济部分的实施以及商务部和贸易代表办公室要求的其他问题提供建议。[③]

从2016年起,美国贸易代表办公室开始持续关注和调查各国关于数字贸易的限制,并每年总结各国存在的数字贸易壁垒。2017年美国发布《国家贸易评估》,将各国的数字贸易壁垒分为四类：（1）数据本地化障碍,包括在特定辖区内存储数据或在本地定位计算设施上的不必要的要求,以及对跨境数据流动的彻底禁止。（2）技术障碍,包括烦琐和不必要的安全标准要求,以及披露加密算法或其他专有源代码的要求。（3）互联网服务的障碍,包括对新业务模式的旧监管制度的不当应用,以及互联网平台上对用户生成的内容和活动等非知识产权相关责任的不合理负担。（4）其他障碍,包括有关电子认证和签字、互联网域名、数字产品、电子支付平台使用的歧视等。

美国贸易代表办公室在2017—2019年连续三年专门发布针对各国数字贸易存在障碍的报告（表3-1）。[④] 其中以中国、韩国、俄罗

---

① Industry Trade Advisory Committee On Digital Economies（ITAC 8）.
② https：//www.trade.gov/itac/committees/itac08.asp,2021年5月12日访问。
③ https：//www.trade.gov/itac/committees/charter-itac08.pdf,2020年5月8日访问。
④ Key Barriers to Digital Trade,https：//ustr.gov/about-us/policy-offices/press-office/fact-sheets/2017/march/key-barriers-digital-trade,2021年5月12日访问；2018 Fact Sheet：Key Barriers to Digital Trade,https：//ustr.gov/about-us/policy-offices/press-office/fact-sheets/2018/march/2018-fact-sheet-key-barriers-digital,2021年5月12日访问；Fact Sheet on 2019 National Trade Estimate Key Barriers to Digital Trade,https：//ustr.gov/about-us/policy-offices/press-office/fact-sheets/2019/march/fact-sheet-2019-national-trade-estimate,2021年5月12日访问。

斯、印度尼西亚、越南等国的数字贸易障碍内容为重点,每年均有内容更新发布。通过对三年内容的比较可以看出,美国描述中国对数字贸易的壁垒基本是围绕中国关于跨境数据流动和数据本地化的限制要求、云计算限制、网络传输封锁方面进行的。对于其他国家,美国贸易代表办公室主要关注:韩国对基于位置的数据限制;俄罗斯的数据本地化要求;越南对在线广告的限制及数据本地化要求;印度尼西亚对互联网服务的障碍、对数字产品的关税、数据本地化要求;土耳其的数据本地化障碍;泰国的网络封锁问题。

表3-1 2017—2019年美国贸易代表办公室关于主要国家数字贸易障碍的汇总

国家	年份	报告中确定的主要障碍
中国	2017	中国的网络过滤和封锁、云计算和数据流动的限制
	2018	跨境数据流动和数据本地化限制、租用线路和VPN的限制、云计算限制、网络过滤和封锁
	2019	跨境数据流动和数据本地化限制、云计算限制、网络过滤和封锁
韩国	2017	基于位置的数据传输限制
	2018	基于位置的数据传输限制
	2019	基于位置的数据传输限制
俄罗斯	2017	数据本地化
	2018	数据本地化
	2019	数据本地化
越南	2017	在线广告限制
	2018	在线广告限制、数据本地化
	2019	数据本地化
印度尼西亚	2017	数据本地化
	2018	数据本地化、数字产品关税、政府的注册要求
	2019	数字产品关税、政府的注册要求
土耳其	2017	数据本地化
	2018	数据本地化
	2019	数据本地化

三、历届美国政府对数字经济的政策

20世纪90年代以来,美国政府对数据一直保持着高度的关注。克林顿政府大力提倡的信息基础设施建设和对电子商务的扶持为数字经济的发展提供了必要的起步环境,也成为美国率先进入数字经济的基础。奥巴马政府对政府数据的高度开放提升了美国整体社会的信息集成化,奥巴马任期内进行的政府数据逐步深化开放过程对整个数字经济具有推动和借鉴意义。特朗普政府对数字经济的大力支持态度仍可从一些文件中看出。

(一)克林顿政府

克林顿政府高度重视并大力推动信息基础设施建设和电子商务技术发展,引领世界进入数字时代。1992年,克林顿参加竞选时提出,将建设"信息高速公路"作为振兴美国经济的一项重要措施。1993年9月,美国政府公布"国家信息基础设施行动计划","信息高速公路"战略开始落地。"国家信息基础设施的发展能够帮助引发一场信息革命,这场革命将永远改变人们的生活、工作和交流方式。"美国提出的"信息高速公路"是指在美国的政府、研究机构、大学、企业以及家庭之间,建立可以交流各种信息的大容量、高速率的通信网络,让各种各样的信息交流畅通无阻,使美国企业能更有效地交流信息,为发展经济创造有利条件。

1997年7月1日克林顿政府发布了《全球电子商务纲要》,涉及在线支付、知识产权保护、安全、隐私、内容控制和标准制定等问题。该纲要提出了以下几大原则:(1)以私营部门为主导。政府应鼓励互联网行业自律,即使需要集体协议或集体标准,也应是私营实体尽可能带头组织这些协议或标准。(2)政府应避免对电子商务施加不当限制。政府应当尽量减少参与或干预,商业模式必须迅速发展以跟上技术变革的突破速度;由于政府针对技术的具体监管极易过时,因此应避免对通过互联网进行的商业活动增加新的和不必

要的法规程序或税收关税。(3)在需要政府参与的情况下,目标应该是支持和实施可预测、极简、一致和简单的商业法律环境。在某些领域,如果政府干预对促进电子商务是必要的,其目标应该是确保竞争、保护知识产权和隐私、防止欺诈、增加透明度、支持商业交易,并促进争议解决。(4)政府应该认识到互联网的特性。由于互联网的成功部分归功于其分散性和自下而上治理的传统,因此政府应制定相应的政策。在电子商务与现有监管计划相交叉并面临重大挑战时,监管只应作为实现广泛共识目标的必要手段。政府应审查和修订或消除可能妨碍电子商务的现行法律法规,以反映新电子时代的需求。(5)应在全球范围内促进电子商务的发展。互联网正在成为一个全球市场,支持互联网商业交易的法律框架应受到一致原则的约束,无论特定买方或卖方所在的司法管辖区如何,这样才能产生可预测的结果。

《全球电子商务纲要》特别关注隐私议题。1995年6月,美国政府信息基础设施工作组的隐私工作组发布了一份名为《隐私和国家信息基础设施:提供和使用个人信息的原则》的报告。该报告提出了一套"隐私原则"来管理信息时代个人数据的收集、处理、存储和再利用。这些隐私原则以经济合作与发展组织的指导为基础,保护个人数据的隐私和跨境数据流动,并将其纳入公平信息实践原则。数据收集者应告知消费者他们正在收集哪些信息,以及他们打算如何使用这些数据;数据收集者需要说明获取有关信息的原因和将采取哪些措施来保护信息不被泄露。此类说明将使消费者能够更好地判断可用的隐私级别和他们的参与意愿。"隐私原则"确定了三个用于管理在线获取、披露和使用个人信息方式的要点:首先,应确保个人对访问和使用其个人信息的合理隐私期望;其次,个人信息不应被不正当地改变或破坏;最后,个人信息应准确、及时、完整,并且与提供和使用的目的相关。

《全球电子商务纲要》表达了克林顿政府对数据流动的支持态

度。其中提到,"只有当个人隐私和信息自由流动带来的利益取得平衡时,全球信息基础设施才可能兴旺起来。美国支持为用户提供恰当的隐私保护,以提升用户使用互联网服务的信心,但各国在公民隐私保护方面迥然不同的政策,有可能会形成非关税贸易壁垒。"美国政府支持跨越国界尽可能广泛的信息自由流动,这包括现在可通过互联网访问和传输大多数信息材料。这也延伸到商业企业、学校、图书馆、政府和其他机构创建的信息非营利实体中。

(二)奥巴马政府

奥巴马政府对数字社会的贡献主要体现于政府数据而非个人数据方面,政府未对经济性商业化的数据流动做具体规制。2009 年 1 月 29 日,奥巴马在白宫签署《透明与公开政府备忘录》,提出透明、共享、协作三大原则。2009 年 12 月,美国总统执行办公室发布《公开政府命令》,对各级政府的具体开放措施提出要求。《公开政府命令》限时要求政府部门以常用格式在 data.gov 上开放数据,各部门指定专人负责数据内容与质量,同时定期进行数据质量报告。

2012 年 5 月 23 日,奥巴马发布了《数字政府:建设 21 世纪平台为美国民众提供更好的服务》[①]。文件以现有开放数据政策为基础,更系统、更具体地为政府部门制定了 12 个月的政府开放工作路线图,提升了政府的数字服务能力与用户体验,并保证了数据的隐私及安全。2013 年 5 月 9 日,奥巴马签发了第 13642 号行政命令《将公开和机器可读作为政府信息的默认状态》[②],推行政府数据开放战略。[③] 2014 年 5 月 9 日,奥巴马签署了《数字问责和透明法案》,这

---

① Digital Government: Building a 21st Century Platform to Better Serve the American People, 2012.
② Making Open and Machine Readable the New Default for Government Information, https://digital.gov/resources/making-open-and-machine-readable-the-new-default-for-government-information/, 2021 年 4 月 12 日访问。
③ Executive Order—Making Open and Machine Readable the New Default for Government Information, https://obamawhitehouse.archives.gov/the-press-office/2013/05/09/executive-order-making-open-and-machine-readable-new-default-for-government-information, 2021 年 4 月 12 日访问。

是美国首个关于数据透明度的法律。它要求财政部及白宫行政管理和预算办公室将与联邦支出相关的非连接文件转换成开放的、标准化的数据，并在网上公布。①

2016年5月23日，美国政府发布了《联邦大数据研发战略计划》，该计划由7大战略组成，涉及15个联邦机构，对各联邦部门制定与大数据相关的计划和投资提出了指导意见。计划要求充分利用新兴大数据的基础和技术，提升新一代能力；探索理解数据和知识的可信度，实现突破性科学发现和更好决策，开展有把握的行动；创建并完善科研网络基础设施，为其他机构提供技术支持；通过促进数据共享和改进管理政策来提高数据的价值；了解大数据收集、共享和使用方面的隐私、安全与道德问题；完善大数据培训，满足人才需求；在国家大数据创新系统中建立并增强联系。②

（三）特朗普政府

2018年9月20日，特朗普政府发布《国家网络战略》③，这是特朗普上任后的首份国家网络战略，其中明确表达了特朗普政府大力支持促进数据跨境自由流动的态度。战略报告第二部分标题为"培育一个充满活力和弹性的数字经济"，该部分内容提到数字经济十分重要，经济安全本质上与国家安全有关；随着经济基础越来越多地植根于数字技术，美国政府将建立和推广保护经济安全的标准，并加强美国市场和美国创新的活力。

2019年1月14日，特朗普正式签署《循证决策基础法》，该法案的第二部分包含了《开放政府数据法》，自此《开放政府数据法》

---

① https://www.datacoalition.org/policy-issues/government-spending/data-act/，2021年4月12日访问。

② The Federal Big Data Research and Development Strategic Plan, https://www.nitrd.gov/pubs/bigdatardstrategicplan.pdf，2021年5月12日访问。

③ National Cyber Strategy of the United States of America, https://www.dni.gov/files/NCSC/documents/supplychain/20190328-National-Cyber-Strategy-Sep 2018.pdf，2021年4月12日访问。

正式成为法律。《开放政府数据法》在2016年奥巴马政府时期已经提出。

2019年5月15日,特朗普正式签署《确保信息通信技术与服务供应链安全》①的行政令,法令禁止交易、使用可能对美国国家安全、外交政策和经济构成特殊威胁的外国信息技术和服务。其中提到,"外国对手正在越来越多地制造和利用信息通信技术与服务中的漏洞以实施恶意的网络行为,包括针对美国及美国人的经济和工业间谍活动。这些信息通信技术与服务存储和传输了大量敏感信息,促进了数字经济发展,支持了关键基础设施和重要紧急服务。尽管保持信息通信技术及美国经济开放的投资环境对于美国的整体增长和繁荣至关重要,但这种开放必须与保护本国免受重大国家安全威胁的需要相平衡。为了应对这种威胁,需要采取额外措施保护美国接受和使用的信息通信技术及服务的安全性、完整性和可靠性。'信息通信技术或服务'指以实现或确保信息和数据的处理、存储、检索或电子通信(包括传输、存储和显示)为主要目的的硬件、软件或其他产品及服务"②。

四、美国联邦贸易委员会

美国联邦贸易委员会是美国数字经济和消费者隐私保护等领域的执法机构。自2002年以来,美国联邦贸易委员会已经针对那些从事不公平或欺骗性行为的公司提起了众多诉讼。

2019年7月24日,美国联邦贸易委员会正式宣布与"脸书"达成和解。为达成此次和解,"脸书"不仅需要缴纳50亿美元的罚款,还必须对公司的商业运营与治理结构进行调整,采取多项数据隐私

---

① Securing the Information and Communications Technology and Services Supply Chain, https://www.govinfo.gov/content/pkg/FR-2021-01-19/pdf/2021-01234.pdf, 2021年5月12日访问。

② 《美国总统行政令〈确保信息通信技术与服务供应链安全〉全文中文翻译》,https://www.secrss.com/articles/10721, 2021年5月10日访问。

合规措施。美国联邦贸易委员会要求"脸书"在公司董事会层面新设独立的隐私保护委员会,该委员会有权任免数据保护合规官,且后者需对公司所有隐私政策及决策负责。此外,美国联邦贸易委员会还要求"脸书"建立有效的外部监督机制,增设独立第三方评估员评估"脸书"隐私政策的执行效力。

五、美国信息技术和创新基金会

美国信息技术和创新基金会是总部位于华盛顿特区的美国非营利性公共政策智库。该组织专注于研究促进技术创新的公共政策。宾夕法尼亚大学将美国信息技术和创新基金会评为美国最权威的科学技术智库,并且是仅次于德国马克斯·普朗克研究所的全球第二大权威的科学技术智库。[①] 2015 年 2 月 24 日,美国信息技术和创新基金会对数据跨境流动提出建议,强调联合国贸易与发展会议估算技术贸易服务中有 50% 涉及数据跨境流动,麦肯锡咨询公司估算全球通过互联网的数据流动为传统产业部门创造了 75% 的附加值。

美国信息技术和创新基金会对限制数据保护主义提出以下建议:(1) 国际组织应建立跟踪机制,监测相关数据本地化贸易障碍;(2) 国际组织(如世界银行)应对设立数据跨境流动障碍的国家进行还击;(3) 美国应与其贸易协定组织进行谈判,以消除数据跨境流动障碍;(4) 美国应利用国际论坛,如世界贸易组织,提议制定条约,以减少成员方对数据本地化贸易障碍的激励;(5) 美国国会所批准的未来美国贸易促进授权立法应指导美国谈判代表反击数据保护主义;(6) 美国应保证其贸易伙伴遵守"数字日内瓦公约",以解决数据交换过程中管辖权与透明度的国际问题。[②]

2017 年美国信息技术和创新基金会发布了关于数据跨境流动的

[①] https://en.wikipedia.org/wiki/Information_Technology_and_Innovation_Foundation,2021 年 5 月 10 日访问。

[②] 《美智库建议推进数据跨境流动以促进产业增长》,http://www.casisd.cn/zkdt/gw/201610/t20161017_4678703.html,2021 年 4 月 12 日访问。

研究报告《跨境数据流动：障碍在哪里？代价是什么？》。报告论述了反对数据本地化的两大理由：一是数据本地化对于实现网络安全、保护个人信息、发展产业没有助益。二是数据本地化还会拖滞一国经济的总体增长水平。报告的重点在于其附录。美国信息技术和创新基金会非常仔细地研究了现有各国的数据本地化措施，包括中国、美国、英国、俄罗斯、澳大利亚、巴西、法国、德国、印度、伊朗等。报告认为，美国的数据本地化要求侧重于公共采购。如2015年，美国国防部要求所有为该部门工作的云计算服务提供商在国内存储数据。国内数据存储要求有时是其他联邦公共采购合同的要求，但这并非政府明确的政策。同样，一些州和地方政府也将这些要求强加于合同中。例如，洛杉矶市要求谷歌将其数据存储在美国大陆，作为与该市签订合同的条件。①

2019年1月22日，美国信息技术和创新基金会发布《聚焦数字经济下的知识产权保护报告》，该报告分析了数字经济下需要关注的13个知识产权要点，②分别为：(1)政策需要平衡激励数据的收集利用分析以及从数据中获利两方面内容；(2)数据是非竞争性的，通常是可访问的；(3)数据所有权；(4)个人及其数据所有权；(5)私人信息和个人身份信息的所有权；(6)强制共享；(7)竞争政策和数据所有权；(8)强制访问；(9)文本和数据挖掘；(10)数据库保护；(11)政府获取和使用数据；(12)国际制度之间的冲突；(13)知识产权和数据的政治经济。

---

① Cross-Border Data Flows: Where Are the Barriers, and What Do They Cost?, https://itif.org/publications/2017/05/01/cross-border-data-flows-where-are-barriers-and-what-do-they-cost，2021年4月12日访问。
② IP Protection in the Data Economy: Getting the Balance Right on 13 Critical Issues, http://www2.itif.org/2019-ip-protection-data-economy.pdf?_ga=2.110940229.1152588572.1558017272-1280930888.1556966687，2021年4月12日访问。

第三节　美国与数字贸易有关的国内法律

与许多国家制定专门法律保护个人数据权利的立法模式不同，美国采取的是分散式立法的模式，即在公共部门范畴下，主要通过制定《信息自由法》和《隐私权法》限制公权力侵犯个人信息权利；在私营部门范畴下，在金融、通信、医疗等具体行业领域的市场管理规则中针对不同情况嵌入个人信息保护条款。美国在个人信息保护方面推行行业自律，包括通过自律组织制定行业指引或提供隐私认证。①

一、隐私与信息有关的法律

（一）《隐私权法》（The Privacy Act）

从全球立法进程看，美国关于隐私安全的立法启蒙较早。公民隐私权在宪法层面体现在第四修正案中，即宪法保护"人民的人身、住宅、文件和财产不受无理搜查和扣押"。1974年美国通过《隐私权法》，该法保护公民个人信息的隐私权，这是美国最重要的一部保护个人信息方面的法律。该法适用于美国公民和在美国取得永久居留权的外国人。《隐私权法》对政府机构应当如何收集个人信息，什么内容的个人信息能够储存，收集到的个人信息如何向公众开放，以及信息主体的权利等都做出了比较详细的规定，以此规范联邦政府处理个人信息的行为，平衡隐私权保护与个人信息有利利用之间的紧张关系。不过1974年颁布的《隐私权法》没有明确提出隐私的概念，文本中采用的是"个人记录"。②

---

① 蔡雄山、李思羽：《美国人眼中的大数据法律问题》，https://cloud.tencent.com/developer/article/1133284，2021年5月21日访问。

② 黄道丽、何治乐：《欧美数据跨境流动监管立法的"大数据现象"及中国策略》，载《情报杂志》2017年第4期。

该法案中,信息主体的主要权利如下:第一,决定是否同意公开自己的信息,行政机关不得在取得本人同意前,公开关于个人的信息。第二,有权访问自身个人信息,本人有权知道行政机关是否存在关于他的记录以及记录的内容,并有权要求予以复制。第三,修改更正个人信息的权利,个人如果认为关于自身的信息不正确、不完全或需要更新,可以请求制作记录的行政机关予以相应修改。

政府机关同时负有保护个人信息的相应义务。第一,政府机关收集个人信息,如果可能导致对个人作出不利决定,信息必须尽可能地由其本人提供。第二,政府机关在收集个人信息、建立个人信息数据库时,必须发布公告。第三,政府机关只能在执行职务相关和必要的范围内保有个人信息,除法律另有规定外,禁止保有关于个人宗教信仰、政治信仰等与政府机关执行职务无关的个人信息。第四,政府机关必须保持个人信息的准确性、及时性和完整性,并保障信息的安全。①

(二)《信息自由法》(FOIA)

《信息自由法》是关于美国联邦政府各机构公开政府信息的法律,1966年7月4日由时任总统约翰逊签署,该法于1967年7月5日生效。美国《信息自由法》先后经历过1974年(时任总统福特)、1986年(时任总统里根)、1996年(时任总统克林顿)、2007年(时任总统小布什)、2016年(时任总统奥巴马)共5次大的修改;还于1976年、1978年、1984年、2002年和2009年经过5次小的修改。2016年,奥巴马总统签署了《信息自由法》的改革法案,这是《信息自由法》历史上的第10次修改。②

《信息自由法》主要保障公众获取政府信息的权利。它将信息公

---

① 单飞:《国外关于个人信息保护的立法状况(一)——美国〈隐私法案〉及〈儿童网上隐私保护法〉》,https://www.chinacourt.org/article/detail/2008/03/id/292392.shtml,2021年5月10日访问。

② 后向东:《美国2016年〈信息自由法〉改革法案述评》,载《电子政务》2016年第10期。

开的举证责任由公众转移到了政府,确立了政府信息"以公开为原则,不公开为例外"的原则。联邦政府的各部门与机构自行处理针对本部门的信息公开请求,由各部门的首席信息自由官(Chief FOIA Officer)与联络员(FOIA Public Liaison)负责具体执行。2007年,小布什政府在国家档案和记录管理局设立了政府信息服务办公室(Office of Government Information Services),进一步为公众的信息公开要求服务。公众享有从政府的行政机构、情报与科研机构、档案馆、图书馆等来源获取信息和利用信息的权利。[①]

9类信息可以免于公开:(1)根据总统行政命令,明确划定为国防与外交秘密的文件;(2)纯属行政机构内部人事规章与具体工作制度的文件;(3)法律明确规定不予公开的信息;(4)商业秘密以及由第三方向政府机构提供的特许性或机密的商业、金融与科技信息;(5)在政府机构作为当事人的诉讼中依法不得向非政府机构当事人公开机构内部的或机构之间的备忘录或信件;(6)人事、医疗档案及其他一经公开会明显侵犯公民隐私权的个人信息;(7)执法生成的某些记录和信息;(8)有关金融机构的信息;(9)地质的和地球物理信息,特别是有关矿井的信息。

(三)各州的数据立法概况

尽管美国国会对特定行业、特定类型数据、不公平或有欺诈性质的数据活动进行了规制,但联邦层面的关于个人隐私及数据保护的顶层立法迟迟未能出台。各州层面已经纷纷推动制定了覆盖各种类型个人数据、适用对象较广的数据保护立法。例如,美国联邦层面尚未有统一的数据泄露通知法,但美国50个州均制定了各自的数据泄露通知法。2019年,华盛顿州正式通过新版《〈数据泄露通知法〉修正案》。此前的版本将"个人信息"定义为个人的社会保险号码、州身份证号码、金融账户或信用卡或借记卡号码,以及任何必要的安全代码、访问代码或口令,以允许访问到个人的财务账户。在新

[①] 靳风:《信息自由法》,载《当代美国评论》2017年第1期。

的修正案中，有五类信息一旦加上姓名，则也属于触发通知义务的"个人信息"的定义，这五类信息包括：(1) 出生日期；(2) 个人独有的用于认证或签署电子记录的私人密钥；(3) 学生、军人或护照识别号；(4) 健康保险单号或健康保险识别号，有关消费者病史、精神或身体状况或医疗保健专业人员对消费者的医疗诊断或治疗的任何信息；(5) 通过自动测量个人生物特征（如指纹、声纹、眼视网膜、虹膜或其他用于识别特定个人的独特生物模式或特征）生成的生物特征数据。①

2019年5月14日，美国旧金山城市监督委员会通过了一项法令，禁止政府机构购买和使用人脸识别技术，这使得旧金山成为全球首个禁止使用人脸识别技术的城市。

二、各行业领域的有关法律

数字经济这一概念包罗万象，对许多领域都产生着重大影响，其中包括消费者保护、个人信息保护、投资、网络安全等。个人数据保护立法近几年在美国国内集中兴起。可以看到，美国参、众两院自2018年以来有关个人数据保护法案的提出也十分密集，许多与隐私保护有关的法案正在审议中。

（一）消费者保护层面

1.《公平信用报告法》

联邦贸易委员会发布文章对《公平信用报告法》进行了解读，认为其实质上规定了消费者的十大权利。② 其中，关于消费者个人信息的保护主要有以下几点：(1) 一旦有人使用信用报告中对消费者不利的信息，必须告知消费者该信息出自哪家消费者信用报告代理

---

① Bill History, https://app.leg.wa.gov/billsummary?BillNumber=1071&Year=2019, 2021年4月12日访问。

② A Summary of Your Rights Under the Fair Credit Reporting, https://www.consumer.ftc.gov/articles/pdf-0096-fair-credit-reporting-act.pdf, 2021年4月12日访问。

机构。（2）消费者对信用报告有查询的权利。只要提出请求，相应的消费者信用报告代理机构就必须提供信用文件的详细内容，包括一份含近期所有查询者的名单。（3）消费者信用报告代理机构必须修改不准确的信息。如果有消费者认为存在这种情况，那消费者信用报告代理机构要在30天之内就此展开调查，将所有相关的证据提交给信息源，除非异议是无关紧要的。（4）消费者信用报告代理机构所做的报告不得包含消费者超过7年的负面信息和超过10年的破产信息。

2.《加利福尼亚州消费者隐私保护法》（CCPA）及配套实施条例

尽管目前美国还没有一部联邦层面的数据保护立法，但地方政府已经开始行动。2018年6月28日，美国加利福尼亚州颁布了《加利福尼亚州消费者隐私保护法》，旨在加强消费者隐私权和数据安全保护。CCPA被认为是美国国内最严格的隐私立法，也是《一般数据保护条例》（GDPR）之后最具影响力的数据保护立法。诚然在形式上，CCPA与GDPR有相似之处，但前者更加注重消费者保护的实际效果，以及与促进企业发展、技术创新之间的平衡。CCPA与GDPR之间的区别主要体现在以下三方面：

第一，CCPA的适用范围更小。在受规制的实体上，CCPA在适用上有三类例外：仅提供数据服务的企业、非营利机构和没有达到适用门槛的中小企业；而GDPR没有为任何实体提供例外，中小企业和跨国巨头企业都要遵守相同的高标准合规要求。在规制的数据处理活动上，CCPA重点规制数据的收集、买卖和共享三种活动；而GDPR在理论上规制所有数据处理活动，包括数据的收集、处理、分析、加工等。在适用的数据范围上，CCPA不会规制"集合信息""去识别化数据"，以及联邦法律已经覆盖的医疗、征信、驾驶、金融、政府公开数据等；GDPR中只有匿名数据是例外的，而欧盟相关数据保护机构对匿名数据有严格解释标准，因此GDPR的排除适用门槛极高。

第二,"opt-in"和"opt-out"原则的区别。依据 GDPR,数据的处理者和控制者在收集消费者个人数据之前必须获得消费者的明确同意,即"opt-in"选择进入模式;而在 CCPA 中,对于 16 岁以上的消费者的个人信息处理,采取的是美国一以贯之的"opt-out"选择退出模式,即除非用户拒绝或退出,则公司可以继续处理用户的个人信息。这体现了美国一直以来在数据保护方面的务实思路。欧盟的"opt-in"模式更有利于充分保护个人的数据权利,而加州的"opt-out"模式则减轻了企业的负担。

第三,在同意机制上,相比于严格刚性的 GDPR,CCPA 体现出灵活弹性的特征。加州规定,如果消费者行使了本法规定的隐私权利,企业不得歧视对待,但是如果这种差异对待与消费者数据所提供的价值直接相关,则差异是被允许的。可见,CCPA 仍然保留了较多的市场弹性,允许企业探索其他可行的商业模式。①

CCPA 赋予了加州总检察长制定具体实施条例的权力。2020 年 8 月 14 日,经过修改后的《〈加利福尼亚州消费者隐私保护法〉实施条例》获得加州行政法制办公室核准,即时生效。该条例包含 6 条,共计 38 款规定。其中明确"opt-out"的链接要统一命名为"不要出售我的个人信息"(Do Not Sell My Personal Information),并明确规定了消费者在选择退出出售个人信息后可以再次选择加入。该条例还禁止企业披露某些敏感类型的信息,如身份证件号码、金融账号、健康保险信息和生物特征数据等,以控制敏感数据的泄露风险。

《〈加利福尼亚州消费者隐私保护法〉实施条例》对未成年消费

---

① 王融、余春芳:《迷雾中的新航向——2018 年数据保护政策年度观察》,https://mp.weixin.qq.com/s?_biz=MjM5OTE0ODA2MQ==&mid=2650883545&idx=1&sn=7774bfbd3c89bda2b029ec430c59001c&chksm=bcca0aab8bbd83bd8669 a5fe55f5c36a99a81cc7f5d30066d94e303e1f90bb821917b9b46da4&scene=21#wechat_redirect,2021 年 5 月 10 日访问。

者有着特别规定：企业如果实际知道其出售的是 13 岁以下消费者的个人信息，则应建立、记录并遵守合理的程序，以确定授权出售关于该儿童的个人信息的人是该儿童的父母或监护人。企业即使获得《儿童在线隐私保护法》（COPPA）中规定的监护人同意，也不意味着就完成了 CCPA 所需要的出售儿童个人信息所需的监护人授权。企业如果实际知道其出售已满 13 岁且未满 16 岁的消费者的个人信息的，应建立、记录并遵守合理的程序，可以允许这些消费者选择出售个人信息。

3. 《金融服务现代化法》（Financial Services Modernization Act）

《金融服务现代化法》亦称《格雷姆-里奇-比利雷法》（Gramm-Leach-Bliley Act）。该法"TITLE V-PRIVACY"部分对金融消费者的隐私权进行了规定。其中，第 502 条第（a）项规定：除非金融机构已依法案第 503 条规定向消费者通知其隐私权保护政策，或符合本法的例外规定，否则金融机构不得直接或间接将非公开个人信息提供给非分支机构的第三方。

该法所定义的"非公开个人信息"，是指下列可辨识与个人有关的财务信息，且非公开可取得：（1）消费者提供给金融机构的信息；（2）金融机构与消费者从事交易或为消费者提供服务所产生的信息；（3）金融机构以其他方法取得的个人信息。

该法第 502 条第（b）项规定，金融机构在将消费者非公开的个人信息提供给非分支机构的第三方之前，应满足以下几点：（1）通过书面、电子通信或其他经主管机构许可的方法，清楚明显地告知消费者，其非公开个人信息可能提供给非分支机构的第三方；（2）在信息初次提供给非分支机构的第三方之前，消费者应有机会要求金融机构不得将其非公开个人信息向他人披露；（3）金融机构应向其消费者说明行使"opt-out"的方法。

该法第 502 条第（c）项规定，第三方金融机构得到消费者的非公开个人信息后，不得直接或间接将这些信息传播给他人，除非再流通信息行为符合法案的例外规定，或者再传播信息的对象是金融机构根据法案规定可以直接提供消费者非公开个人信息的对象。

该法第 502 条第（d）项规定，金融机构除提供给消费者报告机构外，不得将消费者的任何存款账号、交易账号或信用卡号码提供给非分支机构第三方，以用于电话营销、邮件营销或电子通信营销。这是以明文规定限制金融机构将客户存款账户信息出售给电话营销公司。①

美国纽约州金融服务部（New York State Department of Financial Services）于 2017 年 3 月率先通过了全美境内首部针对金融机构的网络安全法规"23 NYCRR 500"。由于纽约州是美国最重要的金融中心之一，因此该法规事实上成为美国金融业最新的"网络安全法"。纽约州的金融机构网络安全法规与联邦层面对金融机构的立法——《金融服务现代化法》既有相似之处，也有显著不同。与《金融服务现代化法》只覆盖面向消费者提供金融商品和服务的公司相比，纽约州的法规管辖范围更广，包括纽约银行法、保险法或金融服务法规制运营的任何实体。就实体义务的内容来说，《金融服务现代化法》与纽约州的网络安全法规都采用了风险路径，即要求企业自评估风险并采取适当的安全措施，但纽约州法规所规范的内容和义务的详细程度有大幅提升。②

（二）医疗健康信息层面

《健康保险可移动性和责任法》（HIPAA）针对医疗信息中的交易规则、医疗服务机构的识别、从业人员的识别、医疗信息安全、医疗隐私、患者身份识别等问题，进行了详细规定。自 1996 年首次发布以来，经历了多次修订（分别在 2003 年、2009 年、2013 年），期

---

① Gramm-Leach-Bliley Act, https://www.congress.gov/106/plaws/publ102/PLAW-106publ102.pdf, 2021 年 4 月 12 日访问。

② 洪延青：《透析金融数据保护的美欧中立法要点和趋势》，载《中国银行业》2018 年第 11 期。

间相继出台了《卫生信息技术促进经济和临床卫生法》(HITECH)和《反基因歧视法》(GINA),这些法案逐步形成了一套系统、完整、详细且与时俱进的医疗健康信息领域的专门法。

"受保护的健康信息"是指通过电子媒体或其他媒介传输或存储的可识别个人身份的健康信息。可单独识别的健康信息(IIHI)是"健康信息的子集,包括从个人处收集的人口统计信息,以及可识别个人和有合理根据相信该信息可用于识别个人"的信息。由于匿名数据对个人的隐私影响要小得多,因此大多数隐私法都会对某些形式的不可识别数据进行豁免。"不能被识别的个人数据,并没有合理根据认为该信息可用于识别的健康信息,则不是可单独识别的健康信息。"

在 HIPAA 的隐私规则下,任何以非治疗、报销及医疗运营为目的而使用和披露患者受保护的健康信息,都必须取得个人的书面授权,除非为了公共卫生控制和公众利益。患者受保护的健康信息是包含了 18 项可识别个人信息中任意一项的健康信息。隐私规则的核心原则是,对受保护健康信息的使用和披露需要满足"最少必要"(minimum necessary)。必须保证披露信息量和使用形式仅满足患者授权使用目的的最低要求,能不披露尽量不披露,能不使用尽量不使用。

HIPAA 安全规则包括受保护的电子健康信息(electronic Protected Health Information,ePHI)的管理保护、实体保护和技术保护三方面,必须按照安全规则规定对受保护的健康信息进行保护。安全措施分为必选措施和自选措施,具体措施在法律条款中均有列出。①

2019 年 7 月 11 日,太平洋西北地区最大的医疗保险提供商普雷摩拉蓝十字(Premera Blue Cross)公司与美国华盛顿州总检察长办

---

① 《如何保护个人健康医疗信息?》,http://www.omaha.org.cn/index.php?g=&m=article&a=index&id=35&cid=11,2021 年 5 月 10 日访问。

公室达成和解，就其违反 HIPAA，并造成患者数据泄漏的行为，向美国 30 个州支付 1000 万美元的和解金。其中，该公司将向华盛顿州支付 540 万美元，向其他州支付 460 万美元的和解金。该案源于 2014 年的数据泄露事件，超过 1040 万人的信息遭到泄漏。①

（三）儿童信息保护层面

相对于一般人的个人信息隐私保护而言，目前世界各国都采取对关于儿童的个人信息保护事实更加严格的管理规范。无论是欧盟还是美国，都是这样一种立法范式。儿童的智力发育水平以及社会认知尚未成熟，无法对针对自身信息的收集处理进行有效同意。因此，在儿童信息保护领域还需要加入家长的监护角色。

1.《儿童在线隐私保护法》（COPPA）

1998 年，美国国会制定并由总统签署通过了《儿童在线隐私保护法》，2000 年其实施细则正式生效。该法旨在对于商业网站在线收集 13 岁以下儿童的个人信息的行为进行限制和规范，保护 13 岁以下儿童在进行网上活动时免受来自网站或在线服务提供商的非法侵害，保护儿童相关法益。

COPPA 只适用于收集 13 岁以下儿童个人信息的网站和在线服务运营商，这分为三种情况：（1）网站或在线服务针对 13 岁以下儿童，并且向他们收集个人信息或让其他人向他们收集个人信息；（2）网站或在线服务针对普通人群，但明确知晓自己会收集到 13 岁以下儿童的个人信息；（3）公司运行例如广告网络或插件等程序，并且明确知晓自己会从 13 岁以下儿童的网站或服务用户那里收集个人信息。

落入规制范围的网站经营者需要遵守以下规则：（1）在网站上

---

① Attorney General Ferguson's investigation Into Premera Data Breach Results in Premera Paying $10 Million over Failure to Protect Sensitive Patient Data, https：//www.atg.wa.gov/news/news-releases/attorney-general-ferguson-s-investigation-premera-data-breach-results-premera，2021 年 4 月 12 日访问。

有显著链接,以告知其收集、使用及披露儿童个人数据的方式,说明文字必须语意清晰,避免参与者产生误解。(2)除特殊情况外,必须征得家长的同意,即使先前已征得家长同意,但若收集、使用及披露的方式有重大改变时,须再次征得家长的同意。(3)家长有权查阅其子女数据档案,删除其子女数据及禁止数据被进一步收集或使用,但网站经营者必须确认申请调阅数据档案者确实为儿童家长。(4)为家长提供审视其子女数据档案的机会。(5)网站须使用合理方法,让父母有机会防范其12岁至17岁子女的个人数据被收集或使用。(6)建立合理的程序,确保被收集的儿童个人数据的安全性与完整性。

截至2019年2月,美国联邦贸易委员会在COPPA生效后的20余年间,共公布了31起执法决定,并要求那些涉嫌违反法律的网络运营者进行自查和整改。2019年2月27日,TikTok被美国联邦贸易委员会指控违反COPPA的规定,之后双方达成和解协议,条件是支付570万美元的民事罚款。2019年9月,由于YouTube违反了COPPA,其母公司谷歌被美国联邦贸易委员会处以1.7亿美元罚款。谷歌公司同意缴纳罚款,并修改其YouTube视频网站保护儿童隐私的措施。

2.《家庭教育权利与隐私法》(Family Educational Rights and Privacy Act of 1974)

《家庭教育权利与隐私法》是美国的联邦法律,用以保护学生个人验证信息的安全。该法将"教育记录"定义为由教育机构或者代表教育机构的一方保存的与学生直接有关的信息。该法适用于所有接受联邦基金的教育机构。《家庭教育权利与隐私法》规定,未满18岁的学生或符合条件的学生(18岁以上或那些被高中以上教育机构录取的学生)家长可以查看并申请修正学生的教育记录。该法还规定,学校必须取得学生家长或符合条件的学生的书面允许才可以发布学生的个人验证信息。

也有少数未经书面许可就可获得教育记录的例外情况,包括:

(1) 学校官员的合法要求；(2) 学生所转学校的需求。

透露学生教育记录中的目录信息一般不认为是有害的或者侵犯隐私的，例如姓名、地址、电话号码和出生日期。在透露目录信息时，家长或符合条件的学生必须被告知此种信息的透露，并且让他们有时间拒绝此种透露。社会安全号码和学生身份号码不得包括在目录信息中，二者未经书面许可不得透露。每年，学校必须告知家长和符合条件的学生《家庭教育权利与隐私法》所授予他们的权利。①

3. "橡皮擦法案"

2013年美国加利福尼亚州州长签署了加利福尼亚州参议院第568号法案，即"橡皮擦法案"。该法案要求包括"脸书""推特"在内的社交网站巨头应允许未成年人擦除自己的上网痕迹，以避免因年少无知、缺乏网络防范意识而不得不在今后面临遗留的网络痕迹带来的诸多困扰。该法案于2015年1月1日正式生效，该法案仅适用于加利福尼亚州境内的未成年人，只有未成年人自行发布在社交网站上的内容可以被删除，对于其他人发布的有关文字、图片信息则没有要求删除的权利。②

在符合以下条件的情况下义务人不负责擦除这些痕迹：一是根据联邦或州的法案，义务人有义务保管未成年人的相关信息的；二是信息并非由主张擦除的未成年人提供而是由第三方提供的；三是信息经过匿名处理已不足以据此识别特定未成年人的；四是没有按照法案规定的要求行使擦除权利的；五是获得对价而将其信息让渡出去的。③

---

① Family Educational Rights and Privacy Act，https://studentprivacy.ed.gov/node/548/，2021年4月12日访问。
② 杨立新、韩煦：《被遗忘权的中国本土化及法律适用》，载《法律适用》2015年第2期。
③ 丁宇翔：《被遗忘权的中国情境及司法展开——从国内首例"被遗忘权案"切入》，载《法治研究》2018年第4期；Senate Bill No. 568 Section 12258, https://leginfo.legislature.ca.gov/faces/billNavClient.xhtml? bill_id=201320140SB568，2021年4月12日访问。

（四）外商投资审查层面——《外商投资风险审查现代化法》（FIRRMA）

2018年出台的《外商投资风险审查现代化法》是美国外资安全审查路径的第一次重大转向，它在2007年出台的《外商投资和国家安全法案》（FINSA）的基础上，扩大了外国投资安全委员会的授权管辖范围，同时也第一次明确表示了"个人数据"这一要素进入美国外资审查领域。FIRRMA中核心定义条款的修改使得外国投资安全委员会的管辖范围进一步扩大。在现有以外国投资者控制权为核心特征的传统受管辖交易（covered transaction）之外，外国投资安全委员会管辖权的范围扩展至满足两大标准的非控制性投资，一是涉及某些特定行业的美国企业，二是赋予外国人某些特定权利。外国投资安全委员会有权对涉及关键技术、关键基础设施、保存或收集美国公民的敏感个人数据（如果这些个人信息可能会被利用威胁美国国家安全的"任何其他投资"）的公司（即TID企业）进行审查[①]。因此，即使是非控制性投资，只要属于上述三大行业范围，且外国人能够参与美国TID企业使用美国公民的敏感个人数据、关键技术或关键基础设施的实质性决策，此类投资行为同样需要接受美国的外资安全审查。[②] FIRRMA中没有专门就什么是"敏感个人数据"进行更详细阐述。直到2019年9月，美国财政部公共事务办公室才就FIRRMA的实施提出了配套草案。该草案的第二部分是关于"涵盖投资"条款的关键方面[③]，首次对"敏感个人数据"概念进行了定义。该草案详细阐明了收集或维护此类敏感个人数据的美国企业何时会触发外国投资安全委员会的管辖权。该草案在美国财政部

---

① The Foreign Investment Risk Review Modernization Act of 2018，Section 1703(B).

② The Foreign Investment Risk Review Modernization Act of 2018，Section 1703(D).

③ Proposed CFIUS Regulations to Implement FIRRMA，https://home.treasury.gov/system/files/206/Proposed-FIRRMA-Regulations-FACT-SHEET.pdf，2021年4月12日访问。

网站进行了为期一个多月的公共意见征集。2020年1月13日，美国财政部发布了全面落实 FIRRMA 的有关措施的两大"最终规定"文件，并于2020年2月13日正式生效。

关于投资涉及敏感个人数据部分的规定，"最终规定"与草案基本一致。"最终规定"采用"两步定义法"对"敏感个人数据"的概念进行了全面规定。要定义敏感个人数据，首先需要定义"可识别数据"。因为可识别性是敏感个人数据的首要特征前提。有三种情形可以认定构成"可识别性"：（1）企业业务以敏感的美国政府人员或承包商为目标或者专门为此类人员提供定制产品或服务的；（2）维护或收集的可识别数据涉及人数在12个月内超过一百万人的；（3）已表明其业务目标是维护或收集超过一百万人的可识别数据的，并且此类数据是该美国企业的主要产品或服务的一部分。"敏感个人数据"是"可识别数据"概念下更细化的一个分支，两者是包含与被包含关系。只有十类"可识别数据"才是"敏感个人数据"。这十类实质性"可识别数据"具体包括：（1）财务困境数据；（2）消费者报告中的数据；（3）健康保险数据；（4）身体健康数据；（5）私人电子通信数据；（6）地理位置数据；（7）生物特征登记数据；（8）与联邦或州身份有关的数据；（9）有关美国政府人员安全等级状态的数据；（10）美国政府人员安全许可申请或公众信任的职位就业申请中的数据。除此之外的"可识别数据"不属于 FIRRMA 的规制范围。

在"最终规定"的序言部分，立法者对一些关键条款和概念特别进行了补充说明，同时对一些收到的典型立法建议作出了回应。特别提到了定义的"敏感个人数据"的范围过于宽泛，超出保护国家安全的必要范围，而不必要的监管会对人工智能等技术进步产生负面影响，因此需要对"敏感个人数据"的概念进行限缩。[①] 对于"敏感个人信息"的补充说明中提到，有人建议将获取敏感个人数据

[①] Provisions Pertaining to Certain Investments in the United States by Foreign Persons, 31 CFR Parts 800.

的触发阈值从一百万人扩展到例如五百万美国公民。但是，这一建议并未在最终文件中得到采纳。根据 FIRRMA 字面原文，其规定的是美国企业收集或维护美国公民的"敏感个人数据"。然而，此条款的阈值是针对所有个人而非仅是美国公民的。在大多数情况下，对于美国企业而言，无法确认拥有或收集的敏感个人数据的主体是否为美国公民。

个人敏感数据因素贯穿于美国外资审查的整个过程，不仅出现在外国投资安全委员会的管辖权定义条款中，同时也是审查时的重要考虑因素之一。FIRRMA 明确规定，"国家安全审查过程中应考量因素包括交易是否可能直接或间接暴露美国公民的个人身份信息、基因信息或其他敏感信息"①。

（五）网络安全层面

美国传统的政府信息安全涉及三大方面：联邦计算机系统安全、国家信息基础设施安全和联邦政府网络信息安全。主要涉及的法律有：

1.《通信规范法》（Communications Decency Act of 1996）

该法规定了发布他人提供的信息的交互式计算机服务的提供者和用户的免除责任。该法中的免责条款规定，互动计算机服务的提供者或用户不得被视为其他信息内容提供者提供的任何信息的出版商或发言人。在分析该条款提供的豁免权时，被告必须满足三个条件：首先，被告必须是交互式计算机服务的提供者或用户。其次，原告主张的诉讼理由必须将被告视为有争议的有害信息的出版人或发言人。最后，信息必须由另一个信息内容提供者提供。也就是说，被告不得是有争议的有害信息的信息内容提供者。②

---

① The Foreign Investment Risk Review Modernization Act of 2018, Section 1702 (c).

② How Broad A Shield? A Brief Overview of Section 230 of the Communications Decency Act, https://fas.org/sgp/crs/misc/LSB10082.pdf, 2021 年 4 月 12 日访问。

2.《爱国者法》(Patriot Act) 和《信息自由法》(Freedom of Information Act)

《爱国者法》饱受诟病且最具争议的焦点是它对于公民信息与隐私的获取。在《爱国者法》的授权下，美国国家安全局获得了三项尤为特殊的核心权力。第一项权力即允许安全机构对于个体的监控行为，并且可不局限于电话以及电子设备。第二项权力即允许执法部门对任何与恐怖活动有关的信息进行调查，并可大规模收集公民通话记录与资料，主要用于对"独狼型"恐怖活动嫌疑人的追查。第三项权力则是该法案第215条中所规定的政府在反恐名义下对公民个人资料拥有调查权。

为寻求《爱国者法》的替代法案，被视为一份"兼顾与平衡方案"的《信息自由法》被提交。该法案既可以保证情报部门对恐怖分子的监控，又可以确保美国公民隐私权不被侵害。2015年6月，《信息自由法》在参议院正式获得通过。参议院司法委员会成员莱希称之为一部历史性的法案。"这是对几十年来政府监控法律的第一次重大改革，极大地增加了对美国公民隐私的保护。"《信息自由法》虽然允许政府继续对美国公民的通话数据与信息进行大规模收集，但在允许的同时制定了诸多严格限制。美国国家安全局需在半年时间内逐步将大规模通讯数据与信息收集项目转交给电信公司。数据信息记录的内容将由电信公司持有，并储存于电信公司的服务器上，而非保存于政府服务器中。需要对涉嫌恐怖主义的活动进行调查取证时，国安局只有首先获得许可或在紧急条件下，才可以向电信公司索要并调阅相关数据信息。同时，数据信息调阅必须具体至某个特定实体，譬如某个账户、某个电子设备或者某个人。不过，《信息自由法》仍批准美国情报部门可持续开展对于"独狼型"恐怖分子的追踪监控项目，并允许情报部门对特定嫌疑对象展开不间断式的监控。①

---

① 沈臻懿：《自由法案的自由与不自由》，载《检察风云》2015年第15期。

3.《网络安全法》

随着数字主权概念的深入发展,越来越多的立法者开始注意到网络空间的立法规范。2015年10月27日美国参议院通过《网络安全信息共享法》,该法于2015年12月28日正式生效并更名为《网络安全法》。《网络安全法》由网络安全信息共享、国家网络安全升级、联邦网络安全队伍评估和其他网络问题共四章四十七节构成,是一部组合性质的法律。① 可以从诸项条款的字里行间看出美方的多重意图,即消除法律障碍以及不必要的诉讼风险,建构有助于鼓励各公私单位自愿分享网络安全信息的途径,进而在美国本土实现更深层次的网络安全威胁联动响应机制。②

美国是最早开始探索网络安全信息共享立法的国家。早在1998年,时任总统克林顿就签署颁布了《第63号总统决策指令》(PDD-63),规定联邦调查局内部的国家关键基础设施保护中心(NIPC)负责政府和私营行业之间的安全信息共享;在私营行业中建立信息共享和分析中心,负责私营业者之间以及行业与政府之间的安全信息交换。美国"9·11事件"之后,美国《国土安全法》鼓励发展不以行业导向为要求的信息共享和分析组织③。美国国土安全部于2018年5月15日发布《网络安全战略》,并提出了七大目标,包括:(1)评估不断变化的网络安全风险;(2)保护美国联邦政府信息系统;(3)保护关键基础设施;(4)防止并打击网络空间的犯罪活动;(5)有效应对网络事件;(6)提高网络生态系统的安全性和可靠性;(7)加强国土安全部的网络活动。

---

① 沈玲:《美国网络安全法案述评》,载《人民邮电报》2016年9月28日第6版。
② 吴沈括、陈琴:《美国参议院2015年网络安全信息共享法案分析》,载《中国信息安全》2016年第1期。
③ 刘金瑞:《我国网络安全信息共享立法的基本思路和制度建构》,载《暨南学报(哲学社会科学版)》2017年第5期。

第三章
美国数字贸易规则的发展

（六）跨境数据流动层面——《澄清域外合法使用数据法》（Clarifying Lawful Overseas Use of Data Act，CLOUD Act）

美国推出《澄清域外合法使用数据法》，是为了修改1986年生效的《存储通信法案》（Stored Communication Act）。《存储通信法案》存在两大缺陷：一是没能明确美国政府的搜查令是否能要求通信服务商提交存储在境外的数据。二是规定了通信服务商不得向外国政府提供通信内容数据。CLOUD Act有针对性地改革了《存储通信法案》，其基本内容包括：①

第一，采用"数据控制者标准"，无论通信、记录或其他信息是否存储在美国境内，服务提供者均应当提供。CLOUD Act规定，"无论通信、记录或其他信息是否存储在美国境内，服务提供者均应当按照本章（即《存储通信法案》）所规定的义务要求保存、备份、披露通信内容、记录或其他信息，只要上述通信内容、记录或其他信息为该服务提供者所拥有（possession）、监管（custody）或控制（control）。"同时，服务提供者有"抗辩"渠道。该法案规定，当服务提供者合理地认为同时存在如下情况时，可提出"撤销或修正法律流程的动议"：一是目标对象不是"美国人"且不在美国居住；二是披露内容的法律义务将给服务提供者带来违反"合格的外国政府"立法的实质性风险。

第二，允许"合格的外国政府"调取存储于美国的数据。CLOUD Act允许"合格的外国政府"在与美国政府签订行政协定后，向美国境内的组织直接发出调取数据的命令。"合格的外国政府"的认定，要求美国司法部长（连同国务卿）向国会提交书面报告，判定的核心是"外国政府的国内立法，包括对其国内法的执行，是否提供了对隐私和公民权利足够的实质和程序上的保护"。外国政府与美国政府签订的行政协定对调取数据命令有若干要求：比如外

---

① https：//www.justice.gov/dag/cloudact，2022年5月12日访问。

国政府不得有意地针对"美国人"或位于美国境内的个人,且必须采取满足该要求的目标锁定程序;外国政府不得在美国政府或其他第三国政府的要求下发出命令,也不得将获得的信息与美国政府或其他第三国政府共享;外国政府发出的调取数据命令应是与预防、侦破、调查、起诉严重犯罪(包括恐怖主义)相关的;外国政府要求服务提供者提供数据应具备国内法的明确授权,且具备合理事由(如基于可信、可描述的事实,特别是调查所针对行为的违法性、严重性)等。

第 四 章
美国参与数字贸易国际规则制定的实践

第一节 美国参与数字贸易国际规则制定概况

一、美国参与数字贸易国际规则制定的现状

自由贸易协定（Free Trade Agreements，FTAs）中的电子商务章节，是美国参与数字贸易国际规则制定的主要形式。① 截至 2021 年 3 月，除跨太平洋伙伴关系协定（Trans-Pacific Partnership Agreement，TPP）以外，美国共与 21 个国家缔结了 18 个 FTAs，其中 13 个有电子商务的内容，② 与日本则缔结了单独的《美日数字

---

① Brian Bieron, Usman Ahmed, Regulating E-commerce through International Policy, Understanding the International Trade Law Issues of E-commerce, *Journal of World Trade*, Vol. 46, 2012.

② 美国缔结的不包含电子商务章节的 3 个 FTAs 分别是"美国—以色列 FTA"（1985 年）、"美国—加拿大 FTA"（1987 年）、《北美自由贸易协定》（NAFTA, 1994 年）；包含电子商务章节的 13 个 FTA 分别是"美国—约旦 FTA"（2000 年）、"美国—新加坡 FTA"（2003 年）、"美国—智利 FTA"（2003 年）、"美国—澳大利亚 FTA"（2004 年）、"美国—多米尼加—中美洲 FTA"（2004 年）、"美国—摩洛哥 FTA"（2004 年）、"美国—巴林 FTA"（2005 年）、"美国—阿曼 FTA"（2006 年）、"美国—秘鲁 FTA"（2006 年）、"美国—哥伦比亚 FTA"（2006 年）、"美国—巴拿马 FTA"（2007 年）、"美国—韩国 FTA"（2007 年）、《美国—墨西哥—加拿大协定》（USMCA, 2018 年），其中"美国—约旦 FTA"的电子商务章节为原则性条款，附有一联合声明，"美国—巴拿马 FTA"至今未获美国国会批准。

贸易协定》（U.S.-Japan Digital Trade Agreement，UJDTA）。

除FTAs电子商务章节外，美国亦不乏其他参与数字贸易国际规则制定的形式。在美国FTAs内部，数字贸易相关规则已"循序渐进"地深入渗透到"跨境服务贸易""投资""信息技术合作"与"知识产权"等章节；① 在TPP谈判中，美国与澳大利亚单独达成了隐私保护议题的谅解备忘录；在与日本的贸易谈判中，由于美日两国存在较大分歧，最终将数字贸易规则单独缔结为《美日数字贸易协定》；而在个人数据跨境流动议题上，美国与欧洲则达成了《安全港协议》和《隐私盾协议》；在更广泛的地域层面，美国也没有放弃推广自身数字贸易规则的尝试，无论是区域层面的TPP和跨大西洋贸易与投资伙伴关系协定（TTIP）谈判，② 还是诸边协议性质的国际服务贸易协定（TISA）谈判与多边电子商务规则谈判，美国政府都有尝试。

二、美国参与数字贸易国际规则制定的动因

1. 数字贸易对美国经济具有重要意义

从产业利益角度出发，由于美国在数字贸易中存在比较优势，美国FTAs更倾向于减少可能构成贸易壁垒的规制措施，以维护产业利益。美国在数字贸易中的比较优势，集中体现于数字化服务部门。在全球十大互联网企业中，八家为美国企业，这些美国互联网企业多以提供信息内容而非撮合货物贸易为主要服务，因此美国对

---

① 李杨等：《数字贸易规则"美式模板"对中国的挑战及应对》，载《国际贸易》2016年第1期。

② 由于美国未公布TTIP谈判文本，本文所引用的TTIP服务贸易、投资与电子商务部分提案为欧盟单方提案，并非最终文本。TTIP谈判已于2016年末终止，欧盟宣布现有缔约方针不再有效。EU Negotiating Texts in TTIP, http：//trade.ec.europa.eu/doclib/press/index.cfm-? id=1230，2021年4月2日访问；EU's Proposal on TTIP Trade in Service, Investment, and E-commerce Title, http：//trade.ec.europa.eu/doclib/docs/2015/july/tradoc_153669.pdf，2021年4月2日访问。

第四章
美国参与数字贸易国际规则制定的实践

数字贸易的自由化,尤其是跨境数据自由流动存在强烈需求。① 根据美国学者费弗等人的研究,若消除外国对美国的数字贸易壁垒,美国的实际国内生产总值每年可能增加 0.1%—0.3%(167—414 亿美元);美国工资水平可能增加 1.4%,某些数字密集型行业则会累计增加 40 万个就业机会。② 另外,美国信息内容产业提供了大量竞选捐款,势必会通过贸易政策影响数字贸易规则的制定。③

2. WTO 纪律不足以应对新时代电子商务问题

任何国内的互联网规制措施都存在域外性与溢出效应,单一国家亦无法实现对所有网络活动与行为的排他性管辖,互联网治理离不开国际机制。④ 但是,电子商务规则本身给 WTO 框架带来的挑战及 WTO 成员之间尖锐对立的立场,导致 WTO 在电子商务议题上难以取得进展。⑤

尽管 WTO 强调既有贸易规则同样适用于数字贸易,且得到了中美等国的承认,但这一表述本身不足以为既有 WTO 规则在数字贸易中的适用提供具体路径,如"数字产品"的属性、《服务贸易总协定》(GATS)能否调整跨境数据流动等仍然悬而未决。另外,若要将 WTO 适用于电子商务规则,WTO 规则本身的一些缺陷也需要被克服,如 GATS 过时的"正面清单+承诺"模式难以推进贸易自由化的承诺,相应的分类清单也未能充分体现数字经济的特点,在

---

① Henry Gao, Digital or Trade? The Contrasting Approaches of China and US to Digital Trade, *Journal of International Economic Law*, Vol. 21, 2018.
② Rachel F. Fefer et al., Digital Trade and U.S. Trade Policy, https://fas.org/sgp/crs/misc/R44565.pdf, 2021 年 4 月 2 日访问。
③ 郭鹏:《信息产品数字化交易的法律规制:美国的双重标准》,载《武汉大学学报(哲学社会科学版)》2010 年第 1 期。
④ 孙南翔:《从限权到赋权:面向未来的互联网贸易规则》,载《当代法学》2016 年第 5 期。
⑤ 李墨丝:《超大型自由贸易协定中数字贸易规则及谈判的新趋势》,载《上海师范大学学报(哲学社会科学版)》2017 年第 1 期。

市场准入与国内规制间界限的划分上也需要进一步明确。① 又如在数字产品征税的议题上，WTO电子传输关税豁免尚未永久化，这一问题不仅不能通过WTO争端解决机制强制执行，且其本身就只是因为技术上暂时不可行而达成的权宜之计；其中，"电子传输"的范围尚不明确，且有违技术中性原则。② 尽管国外学界对WTO规则在数字贸易中的适用已有一定研究，但这些理论对实践的影响尚待观察。③

尽管前景光明，但数字贸易的成功依旧需要基本法律框架的稳定性，只有当数字贸易领域的法律可预测性取得了市场主体足以感知的进展时，其潜力才能得到充分发掘。④ 多哈回合谈判长期寻求在电子商务方面取得进展，但其文本实践无疑是缺失的。⑤ WTO也含蓄地承认了制度不足的问题。⑥ WTO层面上的规则真空，导致以美国为代表的发达经济体纷纷以国内政策为蓝本，通过缔结区域贸易协定（Regional Trade Agreements，RTAs）寻求数字贸易规则的协

---

① Andrew D. Mitchell, Neha Mishra, Data at the Docks: Modernizing International Trade Law for the Digital Economy, *Vanderbilt Journal of Entertainment and Technology Law*, Vol. 20, 2018.

② 郭鹏：《WTO电子商务关税征收中的利益冲突》，载《社会科学家》2009年第6期。

③ Susannah Hodson, Applying WTO and FTA Disciplines to Data Localization Measures, *World Trade Review*, Vol. 4, 2019; Neha Mishra, Privacy, Cybersecurity, and GATS Article XIV: A New Frontier for Trade and Internet Regulation, *World Trade Review*, Vol. 19, 2020.

④ Rolf H. Weber, Digital Trade and E-commerce: Challenges and Opportunities of the Asia-pacific Regionalism, *Asian Journal of WTO & International Health Law and Policy*, Vol. 10, 2015.

⑤ WTO原本准备在第十二届WTO部长级会议结束之前，至少为数字领域制定一些共同的规则。但是，2020年以来受新冠疫情的影响，原定于哈萨克斯坦举行的WTO第十二届部长级会议推迟至2022年6月并于日内瓦举行，多边框架内的谈判进程仍然不容乐观。

⑥ World Trade Report 2018, https://www.wto.org/english/res_e/publications_e/world_trade_report18_e.pdf, 2020年10月9日访问。

第四章 美国参与数字贸易国际规则制定的实践

调与输出,① 以实现规制趋同。

3. 美国需要推广自身电子商务规则

在数字贸易规则的国际造法中,RTAs 扮演了重要角色。通过多边平台、国内法域外适用、超国家法、私人规范等途径推动规制趋同存在局限性,与它们相比,RTAs 更能推动规制趋同进程。而通过 FTAs 推广自身数字贸易规则,一国可增强它与伙伴间在数字贸易领域的规范性预期,回应数字贸易全球价值链发展的规则需求,提升自身在数字贸易规则上的话语权。因此,FTAs 成为各国参与数字贸易规则国际造法的主要途径。②

由于各国在国际规制中的分化及多边数字贸易规则文本实践的缺乏,美国转而通过 FTAs 推广其数字贸易规则,其 FTAs 的缔约实践开创了国际性法律文件规制数字贸易的先河,③ 一定程度上解决了 WTO 框架下悬而未决的问题,如数字产品的国民待遇和最惠国待遇、数字商品"关税"条款与缔约国国内税收征管的关系的协调等。④ 此外,电子商务的全球性、无国界性特点使电子商务法律制度天然地具有全球化特点,而这种法律在全球范围内的传播通常都是强势国家向世界其他国家的单向传播。⑤ 通过 FTAs 数字贸易规则的缔约实践,美国可将其在数字贸易上的规制立场输出至更多国家;通过区域层面的规制趋同实践,RTAs 可成为多边数字贸易规则的

---

① Panayotis M. Protopsaltis, The Development of the US and the EU Preferential Trade Agreement Networks: A Tale of Power and Prestige, in Fabian Amtenbrink (ed.), *Netherlands Yearbook of International Law*, T. M. C. Asser Press, 2018.

② 高建树:《规制趋同视野中的美欧 RTAs 数字贸易规则研究》,华东政法大学 2021 年硕士学位论文。

③ 陈靓:《数字贸易自由化的国际谈判进展及其对中国的启示》,载《上海对外经贸大学学报》2015 年第 3 期。

④ 师晓丹:《美国数字商品税收模式及对我国的启示》,载《法学杂志》2015 年第 3 期。

⑤ 郭鹏:《WTO 电子商务关税征收中的利益冲突》,载《社会科学家》2009 年第 6 期。

跳板。①

三、美国数字贸易规则缔约实践的模板化

美国 FTAs 中的电子商务章节体现着鲜明的模板化特点,即具有相同的结构、议题设置及规制立场,因而被称为数字贸易规则的"美式模板"。②"美式模板"迄今有两代,第一代多出现在美国 2004—2007 年间缔结的 FTAs 中,以"美—韩 FTA"为典型,旨在解决 WTO 框架下一些悬而未决的问题,如数字产品的非歧视待遇问题、服务的电子提供、电子商务便利化等。从电子商务章节在 FTAs 中的体系看,第一代"美式模板"多采取了横向议题的形式,即除非其他章节另有规定,该章的内容可适用于该 FTA 整体。

随着技术的进步,跨境数据流动、个人信息保护、网络安全等新议题逐渐被以 TPP 电子商务章节为代表的新一代"美式模板"所吸纳,虽然美国于 2017 年退出了 TPP,但 TPP 在广度与深度上均超越了美国当时既有的数字贸易规则,是 RTAs 层面美式数字贸易规则的集大成者,③ 对后面制定的美国数字贸易规则具有深刻影响。之后的《美国—墨西哥—加拿大协定》(USMCA)无论是在形式还是内容上,均体现出 TPP 高度的承继性。

美国 FTAs 数字贸易规则的模板化,有利于增强其数字贸易规则内部的话语构序,提升美国在数字贸易规则制定中的话语权。在 WTO 规则层面,2016 年以来美国一直在推动电子商务议题进入

---

① Andrew D. Mitchell, Neha Mishra, Data at the Docks: Modernizing International Trade Law for the Digital Economy, *Vanderbilt Journal of Entertainment and Technology Law*, Vol. 20, 2018.

② 李杨等:《数字贸易规则"美式模板"对中国的挑战及应对》,载《国际贸易》2016 年第 10 期。

③ 周念利等:《特朗普任内中美关于数字贸易治理的主要分歧研究》,载《世界经济研究》2018 年第 10 期。

WTO议程,①无论是其提交的TISA电子商务附件的提案,②还是其向WTO部长会议提交的电子商务谈判提案,③这些文本实践所体现的规制立场都与"美式模板"具有一致性。④

第二节 美国数字贸易国际规则中的一般问题

一、电子商务(数字贸易)的定义

并不是美国所有缔结的FTAs中都有关于"数字贸易"的明确定义,⑤即使是"电子商务"的明确定义也极少。美国FTAs对"电子商务"的定义只见于"美国—多米尼加—中美洲FTA",即"通过电子手段生产、分销、营销、销售或交付产品或服务",其中的"电子手段"(electronic means)即采取计算机处理(employing computer processing)。⑥对于美国FTAs就"数字贸易"或"电子商务"少有明确定义的问题,新加坡学者高树超将其归因于WTO留下的历史问题。⑦美国学者韦伯(Weber)也认为,WTO建立时互联网、电子商务仍处于起步阶段,数字贸易没有被WTO法

---

① Henry Gao, Digital or Trade? The Contrasting Approaches of China and US to Digital Trade, *Journal of International Economic Law*, Vol.2, 2018.
② TISA属于WTO规则中的诸边协议,并不是传统意义上的特惠贸易协定(PTAs)或自由贸易协定(FTAs),但为方便讨论仍然将其与其他FTAs并列。事实上,两者在内容与结构上多有相似之处。由于TISA谈判文本均不公开,本书中的TISA有关文本来源于"维基解密"网站。
③ Joint Statement on Electronic Commerce Initiative: Communication from the United States, JOB/GC/178.
④ Rachel F. Fefer et al., Digital Trade and U.S. Trade Policy, https://fas.org/sgp/crs/misc/R44565.pdf,2021年4月2日访问。
⑤ 采取"数字贸易"(digital trade)这一表述的美国FTAs目前只有《美国—墨西哥—加拿大协定》与《美日数字贸易协定》。
⑥ CAFTA-DR, Art. 14.4.
⑦ Henry Gao, Regulation of Digital Trade in US Free Trade Agreements: From Trade Regulation to Digital Regulation, *Legal Issues of Economic Integration*, Vol.1, 2018.

律框架所覆盖，从而带来了许多法律上的不确定性与差异。①

不过，美国国内政府机构的一些报告对"数字贸易"的定义有所涉及，这些定义经历了一个发展的过程。我国学者马述忠等在整理了美国多个机构发布的数字贸易定义及相关文献后，根据交易标的将"数字贸易"概念的演进历程划分为两个阶段：第一阶段为2010—2013年，关于数字产品与服务贸易；第二阶段为2014—2017年，关于实体货物、数字产品与服务贸易。② 以《美国与全球经济中的数字贸易》报告为例，③ 美国国际贸易委员会对"数字贸易"前后作出过两个定义，2013年作出的第一个定义为"通过互联网传输产品和服务的国内商务和国际贸易活动"④；2014年作出的第二个定义则相对宽泛，即"在订购、生产或交付产品和服务方面，互联网和基于互联网的技术发挥了重要作用的国内与国际贸易部门"⑤。而2017年美国贸易代表办公室发布的《数字贸易的主要障碍》报告认为，"数字贸易"应当是一个广泛的概念，不仅包括个人消费品在互联网上的销售以及在线服务的提供，还包括实现全球价值链的数据

---

① Weber, Digital Trade and E-commerce: Challenges and Opportunities of the Asia-Pacific Regionalism, *Asian Journal of WTO & International Health Law and Policy*, Vol. 10, 2015.

② 马述忠等：《数字贸易及其时代价值与研究展望》，载《国际贸易问题》2018年第10期。

③ 该报告分为两部分，第一部分于2013年7月发布，第二部分于2014年8月发布，两个定义分别来自报告的两部分。

④ 原文为"commerce in products and services delivered over digital networks"，其后列举了数个具体的交易标的：音乐、游戏、视频、书籍等数字内容，社交媒体、用户评论网站等数字媒介，搜索引擎，其他产品与服务。USITC, Digital Trade in the U.S. and Global Economies, Part 1, https://www.usitc.gov/publications/332/pub4415.pdf, 2021年4月2日访问。

⑤ 原文为"U.S. domestic commerce and international trade in which the Internet and Internet-based technologies play a particularly significant role in ordering, producing, or delivering products and services". USITC, Digital Trade in the U.S. and Global Economies, Part 2, https://www.usitc.gov/publications/332/pub4485.pdf, 2021年4月2日访问。

流动、实现智能制造的服务以及无数其他平台和应用。① 显然，与 FTAs 中的"电子商务"定义相比，发展中的"数字贸易"概念与互联网的联系更为密切，它与数字经济近年来的迅速发展更加密不可分。

二、电子商务章节的一般原则与适用范围

1. 电子商务章节的一般原则

在电子商务章节的一般原则问题上，除"美国—智利 FTA"以外，采取第一代"美式模板"的 FTAs 都采取了近似的表述，即"各缔约方认识到，电子商务所带来的经济增长和机遇、避免对电子商务的使用和发展设置障碍的重要性，以及 WTO 协定对影响电子商务相关措施的适用性"。② 但在采取第二代"美式模板"的 FTAs 中，电子商务（数字贸易）规则不再提及 WTO 规则的适用性。虽然通过体系解释或目的解释方式，理论上 WTO 规则仍可适用于影响数字贸易的相关措施，但即使第一代"美式模板"承认 WTO 规则的适用性，由于其仅采取"认识到"这样措辞，因此这一承诺是否具有强制拘束力存在争议。另外，WTO 规则在货物贸易与服务贸易上差异巨大，但因为数字贸易的"货物/服务"属性一直难以得到澄清，所以直接适用整套规则并不现实。③ 相应地，美国 RTAs 选择将数字贸易规则作为一个相对独立的规则体系，而非直接在既有货物与服务贸易规则上演进。

---

① Key Barriers to Digital Trade，https：//ustr.gov/about-us/policy-offices/press-office/fact-sheets/2017/march/key-barriers-digital-trade，2021 年 4 月 2 日访问。
② U.S.-Korea FTA，Art. 15.1；U.S.-Australia FTA，Art. 16.1.
③ Henry Gao, Regulation of Digital Trade in US Free Trade Agreements: From Trade Regulation to Digital Regulation, *Legal Issues of Economic Integration*，Vol. 1，2018.

2. 电子商务章节的适用范围

在电子商务章节的适用范围上，采用第一代"美式模板"的FTAs较少在总则中设置专门条款，以明确电子商务章节的适用范围，一般只是在"服务的电子提供"条款中承认服务贸易规则对电子商务的适用性，包括相关例外与不符措施（non-conforming measures）。就例外性规定而言，部分FTAs则将国内税事项放在"一般规定"（General）部分，确认电子商务规则不影响缔约方对数字产品征收国内税。①

随着电子商务章节议题的增加，由于第二代"美式模板"不再局限于数字产品的征税、待遇等少数几个问题，而是进一步明确与其他章节间的关系，因此电子商务章节的适用范围条款独立出现。TPP与USMCA电子商务章节的适用范围为"缔约方采取或维持的，影响通过电子方式进行的（by electronic means）贸易的措施"②。相应地，电子商务章节总则部分也有了排除数字贸易规则在特定领域适用的剥离条款（carve-out clause），如电子商务章节不适用于政府采购，以及缔约方或以其名义从事的持有或处理信息的有关措施，包括与信息收集相关的措施。③而UJDTA自成一独立的贸易协定，除范围条款中的剥离条款外，它也包含通常FTAs所包含的一般例外、安全例外、（货币金融领域的）审慎例外，另有一专门剥离条款适用于税收措施。

在TISA谈判中，美国提出信息流动（跨境信息流动）及当地基础设施条款对金融服务的适用性有待商榷；④同时，美国提出政府采购不适用电子商务附件，而缔约方提供的补贴或拨款则有待考虑；此外，美国还主张电子商务附件不应妨碍缔约方为维护自身基本安

---

① e.g., U.S.-Chile FTA, Art. 15.1.2; CAFTA-DR, Art. 14.1.2.
② TPP, Art. 14.2.2; USMCA, Art. 19.2.2.
③ TPP, Art. 14.2.3; USMCA, Art. 19.2.3.
④ TISA Annex on Electronic Commerce, Art. 1.3, and Art. 1.3 alt.

全利益所采取的措施，日本则希望美国澄清"基本安全利益"（essential security interest）这一概念。①不过即使在 UJDTA 的安全例外中，美国也并未就"基本安全利益"作出更多解释。

3. 服务的电子提供问题

无论是第一代还是第二代"美式模板"的 FTAs，就服务贸易规则在电子商务中的适用，均设置了独立条款。即使是《美国与全球经济中的数字贸易》中第一个关于数字贸易的定义，也将数字产品与服务贸易区分开来。事实上，不论数字产品是货物还是服务，也不论其定义的宽泛程度，"货物/贸易"式的规则都不可能涵盖数字贸易的每一方面，尤其是金融服务等敏感部门。因此，数字产品与服务的电子提供在规则上必须有所切割，这将服务贸易的有关规则引入了相对独立的数字贸易议题。从 GATS 的"范围与定义"条款上看，GATS 没有区分传输途径，因此它也涵盖了通过电子渠道从事的服务贸易。② 相应地，美国 FTAs 中服务的电子提供条款可视为对 GATS 规则的重申与补强。

根据美国 FTAs，服务的电子提供被分别纳入跨境服务贸易、金融服务、投资及其他有关部门，受到对应章节所规定义务的调整，相应地，这些领域的例外与不符措施也适用于服务的电子提供。③ 当然，服务的电子提供条款并没有排除电子商务章节，电子商务章节与其他有关章节处于叠加适用的状态。相较于 GATS 的"正面清单＋承诺"模式，这种"负面清单＋不符措施"的模式在一定程度上

---

① TISA Annex on Electronic Commerce，Art. 13.
② Rachel F. Fefer et al., Digital Trade and U.S. Trade Policy, https://fas.org/sgp/crs/misc/R44565.pdf, 2021 年 4 月 2 日访问。
③ e.g., U.S-Singapore FTA, Art. 14.2；U.S-Korea FTA, Art. 15.2；TPP, Art. 14.2.4.

减轻了服务分类问题对规则适用的影响,即使它沿用 GATS 的分类表。①

第三节 数字产品的待遇

一、数字产品的定义

对于数字产品,美国通常采取"数码产品"(products that are digitally encoded)的核心定义,并在此基础上通过列举与限定,大致确定出数字产品的范围。列举的范围通常为电脑程序、文本、视频、图像及录音。不过并非所有数码产品都属于数字产品,在"美国—智利 FTA"、TPP 等协定中,"电子传输"的数码产品才符合数字产品的定义,有一些协定则规定无论是通过电子传输还是存储于传输媒介上,均可归类于数字产品,还有的一些 FTAs 则增加了"制作用于商业销售或分销"的限制。同时,考虑到金融监管等国内政策需要,这些定义通常伴随着一些例外,即部分产品即使满足定义的形式要求,仍被排除在数字产品外。这些例外通常包括金融工具的数字形式、货币等。

值得注意的是,美国 FTAs 无一例外地回避了数字产品定性的问题。在 2003 年缔结的"美国—智利 FTA"中,美国表示考虑到 WTO 对数字产品分类正在展开的讨论,该定义将不影响 WTO 的有关议题;在 2004 年缔结的"美国—澳大利亚 FTA"中,美国则似乎开始试图澄清这一问题,即"数字产品可以是货物的组成部分,也可见于服务提供中,还可以独立存在";而在 TPP 与 USMCA 关于数字产品定义的注释中,美国明确表示"该定义不代表成员方就数

---

① Henry Gao, Regulation of Digital Trade in US Free Trade Agreements: From Trade Regulation to Digital Regulation, *Legal Issues of Economic Integration*, Vol.1, 2018.

第四章
美国参与数字贸易国际规则制定的实践

字产品是货物还是服务这一问题的观点"。这是一种"建设性模糊"①。而在"中美出版物案"中,专家组认为中国服务贸易承诺表中的"audiovisual product"既包括有形的音像制品,也包括电子的无形的音乐作品的经销服务,即"product"既指货物又指服务。②

与此同时,美国的国内法也作出了一定的改变。早期观点认为,美国对该问题所采取的双重标准非常明显,③ 即在国内法上,美国排除数字产品的"货物"属性。其主要理由是,在 2003 年修订的《美国统一商法典》第 2 条第 103(1)(K)款对"货物"的定义中,"信息"被排除在"货物"外。但由于该修订并没有被美国各州采纳,美国法学会于 2010 年撤回(withdraw)了该修订稿。在现行的版本中,"货物"的定义并没有排除"信息",这就使得数字产品在美国国内法上的定性重新回到了模糊状态。

二、数字产品的关税与国内税

在数字产品征税的问题上,美国一贯坚持对数字产品免征关税的立场,但不排斥征收国内税。

1. 数字产品的关税

对于关税的范围,美国各 FTAs 均未涉及,仅在 TISA 电子商务附件谈判中提出了独立的关税定义。④ 第一,该附件将关税的性质界定为"任何海关或进口税及所征收的与进口商品有关的费用,包括附加税费";第二,该附件列举了几种不属于关税的情形,第一种是缔约方征收的国内税及类似费用,第二种是反倾销税与反补贴税,

---

① Henry Gao, Regulation of Digital Trade in US Free Trade Agreements: From Trade Regulation to Digital Regulation, *Legal Issues of Economic Integration*, Vol. 1, 2018.
② Panel Report, China—Measures Affecting Trading Rights and Distribution Services for Certain Publications and Audiovisual Entertainment Products, WT/DS363/R.
③ 郭鹏:《信息产品数字化交易的法律规制:美国的双重标准》,载《武汉大学学报(哲学社会科学版)》2010 年第 1 期。
④ TISA Annex on Electronic Commerce, Art. 14.

第三种是与已提供服务的费用相当的、与进口有关的收费。

美国 FTAs 中的数字产品关税条款经历了一个不断细化的发展过程。"美国—智利 FTA"规定，"任何一方都不得对另一方的数字产品征收关税"，但该规定较为模糊，可操作性有限。"美国—新加坡 FTA"对数字产品海关估价规则的规定则相对明确，即"在对承载有一缔约方数字产品的传输媒介①进行海关估价时，其他缔约方应只考虑传输媒介本身的成本与价值，而不考虑媒介上数字产品的成本与价值"。②同时，该 FTA 还将免关税的范围限定在"电子传输的数字产品"（digital products by electronic transmission）中。③"美国—韩国 FTA"还专门设立了一个货物贸易委员会，负责协调并解决数字产品征税问题中可能产生的分类分歧。④

在 TPP 中，免征关税的范围首次变成了"电子传输及其内容"（electronic transmissions, including content transmitted electronically），⑤跳出了"数字产品"定义的范围。在一定程度上，放弃"数字产品"概念而退回近似于历次 WTO 部长会议决定暂免关税的立场，是美国与其缔约方妥协的结果。不过，USMCA 并没有照搬 TPP 的模式，而是仍然采用了"电子传输的数字产品"。⑥ 在 TISA 电子商务附件中，美国主张缔约方不得对电子传输或其内容征收关税；欧盟

---

① 传输媒介（carrier medium）指通过现有或未来开发的方式，主要用于存储数字产品的任何有体物。通过传输媒介，数字产品可直接或间接被接收、复制、传达。这种有体物包括但不限于光学介质、软盘和磁带。TTIP 及 TPP 以后的美国 FTAs 均不再单独定义传输媒介。U. S.-Singapore FTA, Art. 14.4.1；U. S.-Australia FTA, Art. 16.8.2；CAFTA-DR Art. 14.6；U. S.-Morocco FTA, Art. 14.4；U. S.-Bahrain FTA, Art. 13.5；U. S.-Oman FTA, Art. 14.5；U. S.-Peru FTA, Art. 15.8；U. S.-Korea FTA, Art. 15.9；U. S.-Colombia FTA, Art. 15.8；U. S.-Panama FTA. Art. 14.6.

② U. S.-Singapore FTA, Art. 14.3.2.

③ e. g., U. S.-Singapore FTA, Art. 14.3.2. 电子传输指使用任何电磁或光子形式进行的传输，早期美国 FTAs 的"电子传输"特指对数字产品的传输，TPP 则不再将这一概念限于数字产品，USMCA 则不再专列这一定义。

④ U. S.-Korea FTA, Art. 15.3.1 (b).

⑤ TPP, Art. 14.3.1.

⑥ e. g., U. S.-Singapore FTA, Art. 14.3.1.

第四章
美国参与数字贸易国际规则制定的实践

则主张禁止征收的范围扩展到其他(关税性质)税费,但这一点遭到美国在内的多国反对。①

2. 数字产品的国内税费

在国内税费的征收上,美国的FTAs通常采取"在征收方式符合该协定时,本章内容不禁止缔约方对数字产品(直接或间接)征收国内税(或其他费用)"的表述。该规定或出现在一般条款中,或出现在关税条款的注释中,也有可能出现在关税条款之后。唯一的例外是"美国—阿曼FTA"——该条约没有规定国内税事项。

国内税费的主要问题在于征收对象。早期的美国FTAs一般确定"数字产品"为征税对象,但近期的FTAs开始发生变化:USMCA对"电子传输的数字产品"征税,② TPP对"电子传输内容"(content transmitted electronically)征税,③ 在TISA电子商务附件中,美国依旧延续了对"电子传输内容"(electronically transmitted content)征税的立场,即使其他国家主张对"电子传输"(electronic transmissions)征税。④ UJDTA则设置了专门的税收条款,在明确缔约方征收与数字产品相关所得税之权利的同时,也重申了征收应遵循非歧视原则。在国内税费范围的问题上,除去"美国—智利FTA""美国—多米尼加—中美洲FTA"及"美国—巴拿马FTA"外,一般都包含了"其他国内费用"(fees or other charges)。UJDTA的税收例外条款则以"税收措施"(taxation measures)概括,即在原则上将税收措施排除在条约规制范围外的同时,确认了对与数字产品有关的所得征收所得税的权利。

对于美国FTAs中国内税条款在征税立场上的让步,早年学界曾有批评之声,如认为这会导致国内税规则滞后于减轻数字产品税负的潮流,因为数字产品的交付往往省略了中间商的环节,直接通

---

① TISA Annex on Electronic Commerce, Art. 10.1.
② USMCA, Art. 19.3.2.
③ TPP, Art. 14.3.2.
④ TISA Annex on Electronic Commerce, Art. 10.2.

121

过跨境传输交付给消费者,为了征收国内税,企业必须跟踪下载产品的消费者的位置,这会增加中小企业的运营成本。① 但考虑到各国现有国内税制差异较大,且与数字经济存在一定的不适应性,若排除各国对数字产品征收国内税的权力,再加上美国企业在数字市场中的优势地位,严重的税基侵蚀问题将难以避免。此外,即使美国有意愿对数字产品免征国内税,其他国家也难以接受,且法国等国已开始征收所得税性质的数字税。由此可见,经济数字化背景下的国内税征收协调面临着艰巨挑战。

三、数字产品的非歧视待遇

1. 非歧视待遇的内容

非歧视待遇在多边贸易规则中早已存在。在货物贸易领域,给予成员方产品最惠国待遇与国民待遇是《关税与贸易总协定》(GATT)缔约方的普遍义务,其中国民待遇仅适用于国内税费与国内规章方面;在服务贸易领域,《服务贸易总协定》(GATS)给予了成员方最惠国待遇,但最惠国待遇属于具体承诺,限于列入减让表的部门;在知识产权保护领域,《与贸易有关的知识产权协定》(TRIPs)强化了《伯尔尼公约》与《巴黎公约》的相关规定,就有关知识产权的保护给予成员方国民(nationals)无条件的国民待遇与最惠国待遇,国民待遇的具体范围则依赖其他知识产权公约确定。

由于数字产品的"货物/服务"属性整体上尚未得到澄清,美国FTAs亦对该问题采取回避立场,因此这一问题不可能通过单纯套用GATT或GATS得到解决。为此,美国逐渐发展出一套包含了无条件的国民待遇与最惠国待遇的非歧视待遇模式。与多边贸易规则

---

① Brian Bieron, Usman Ahmed, Regulating E-commerce through International Policy, Understanding the International Trade Law Issues of E-commerce, *Journal of World Trade*, Vol. 3, 2012.

第四章
美国参与数字贸易国际规则制定的实践

相比,美国数字产品非歧视待遇模式更倾向于货物贸易模式,① 但也吸收了服务贸易与知识产权保护模式的特点。通过FTAs的缔约实践,美国高水平的数字产品非歧视待遇模式逐渐为一些国家所接受,为之后美国在该领域的国际造法奠定了基础。

美国数字产品的非歧视待遇模式起源于"美国—新加坡FTA",以"美国—韩国FTA"为典型。"美国—韩国FTA"第15.3条第2款与第3款分别规定了数字产品的最惠国待遇与国民待遇。只要数字产品的提供者为缔约方国民,或在缔约方境内提供,则该数字产品的待遇即不低于其他同类数字产品。其中提供行为包括制作、生产、发布、储存、传输、承包、委托或首次商业提供,提供者包括创作者、表演者、生产者、开发者、销售者或所有者。② 之后的第二代"美式模板"简化了"美国—韩国FTA"中相关条款的表述,并通过例外内容的增删,在具体缔约实践中调节了模板的适用。与多边贸易规则中的非歧视待遇规则相比,美国数字产品的非歧视待遇有以下特点:

首先,数字产品的非歧视待遇不仅给予数字产品本身,还给予数字产品的提供者。这一点与GATS类似,但数字产品的非歧视待遇包含了无条件的最惠国待遇与国民待遇,在内容上,其更接近于货物贸易的模式,这是它区别于GATS模式的主要特点。

其次,在受保护的数字产品范围的界定上,由于数字产品具有易于复制、修改、传播的特点,因此其待遇在一定程度上参考了知识产权保护的模式,尤其是知识产权的邻接权体系。以《保护表演者、音像制品制作者和广播组织罗马公约》(简称《罗马公约》)对表演者权的保护为例,只要表演行为发生在成员方境内、表演活动被录制在受公约保护的录音制品上或表演活动在受公约保护的广播

---

① Henry Gao, Regulation of Digital Trade in US Free Trade Agreements: From Trade Regulation to Digital Regulation, *Legal Issues of Economic Integration*, Vol. 1, 2018.

② U.S.-Korea FTA, Art. 15.3 (2).

节目中广播,表演者即可享受国民待遇,上述内容的基础正是各国国内法中规定的表演者权的具体内容,如首次固定权、现场直播权等。而在数字贸易领域,虽然保护对象变成了数字产品,但保护范围的确定仍然需要参考产品上附着权利的产生条件,即提供者(如作者、表演者、生产者、开发者、销售者)为缔约方国民,或权利产生于缔约方境内(在缔约方境内创作、生产、出版、储存、传输、承包、委托或首次进入商业流通)。这一模式实际上模糊了数字产品的原产地,在目前情况下较为接近数字产品提供的实际特点。①

最后,在非歧视待遇例外的规定上,美国数字产品的非歧视待遇借鉴了GATS最惠国待遇的负面清单模式,通过援引其他章节的不符措施(non-conforming measures)设置非歧视待遇的例外。由于数字产品的国民待遇也是无条件的,因此不符措施不仅适用于最惠国待遇,而且也适用于国民待遇。

2. 非歧视待遇的豁免

在数字产品非歧视待遇的豁免安排上,美国FTAs电子商务章节采取了不符措施、例外与剥离条款并用的模式,其中以剥离条款为主,而不符措施和例外的模式与"服务的电子提供"条款类似,也是通过援引服务贸易、金融服务、投资等有关章节的不符措施,豁免数字产品的非歧视待遇。②另外,电子商务章节的一般规则与适用范围条款中一般性的剥离条款可当然适用于数字产品的非歧视待遇。

相较适用于整个电子商务章节的剥离条款,单独适用于数字产品非歧视待遇的例外出现得早得多,尤其是在美国与发达国家缔结的FTAs中。这些例外主要涉及服务补贴与资助、政府提供服务、文化部门(广播、内容提供)及知识产权领域。其中,以文化部门

---

① 陈靓:《数字贸易自由化的国际谈判进展及其对中国的启示》,载《上海对外经贸大学学报》2015年第3期。

② e.g., U.S.-Singapore FTA, Art. 14.3.5; U.S.-Korea FTA, Art. 16.4.3 (a), Art. 15.3.4.

的剥离条款（通常被称为"文化例外"）最为典型。文化类服务本质上是提供内容产品，而数字化对内容传播的便利化，会放大美国在内容生产上的优势。从主权国家的角度看，文化服务与意识形态安全密不可分，如何防范外国文化的入侵，同时保证本国文化对于他国的吸引力，其重要意义也仅次于政治、军事方面。[①] 对于文化部门的开放，美国的贸易伙伴多采取较为谨慎的态度，尤其是在其数字化提供方面。相应地，发达国家由于议价能力较强，更能争取到"文化例外"。[②]

另外，在非歧视待遇的执行上，"美国—智利FTA"有一种特殊的安排，即过渡期间的"棘轮机制"，也就是在该条约生效一年内，缔约方在不低于缔约时待遇的情况下，可依据该FTA的规定维持非歧视待遇的不符措施，而对这些不符措施的变更不得减损既有待遇。[③] "棘轮机制"多见于投资领域负面清单的不符措施变更，旨在固定并提升投资开放的程度。在美国FTAs的电子商务章节中，过渡期与"棘轮机制"的适用仅此一例，但不排除重现的可能。此外，投资、服务贸易等章节的"棘轮机制"仍可能对数字贸易产生影响。

第四节 数据流动相关议题

美国极为重视跨境数据流动的贸易价值。由于美国在互联网产业中存在明显优势，自数据流动议题进入国际贸易规则开始，美国便不遗余力地推动跨境数据流动的自由化，第二代"美式模板"在该议题上亦有实践。但是，由于跨境数据自由流动与人权及国家有

[①] 赵海乐：《"软实力"视角下的外商投资文化审查进路探析——以加拿大法律实践为切入》，载《上海对外经贸大学学报》2020年第3期。

[②] 黄晓燕：《美国FTA战略下视听服务领域内的文化例外条款研究》，载《首都师范大学学报（社会科学版）》2016年第6期。

[③] U.S.-Chile FTA, Art. 15.4.3.

关规制利益的冲突，以及各国在这一冲突上不同的价值选择，美国的贸易伙伴并不一定完全接受美国的规制立场，其至还持截然相反的态度。

一、跨境数据流动

个人信息保护催生了跨境数据流动的早期规范。美国最早在跨境数据流动议题上的国际造法是2000年12月与欧盟达成的旨在解决美欧间的个人信息传输问题的《安全港协议》（Safe Harbor Agreement），该协议并没有选择以FTAs形式呈现。美欧间达成该协议并非巧合，而是有紧密的数字贸易关系，尤其是以大规模的跨境数据流动作为基础。根据2014年的一项统计，美欧间的跨境数据流动在世界上规模最大，比美国与亚洲间高50%。[1]

第一代"美式模板"的FTAs较少涉及跨境数据流动的规制，仅有的跨境数据流动规范多为"合作"章节中的原则性规定，即"努力维持信息的跨界流动，将其作为营造充满活力的电子商务环境的一个基本要素"[2]。美国FTAs中第一个独立的跨境数据流动条款出现在"美国—韩国FTA"中，该协定明确缔约方负有避免在跨境电子信息流动上设置或维持不必要障碍的义务。[3] 相较于没有执行措施的"努力维持"，即使该条款只是设置了消极义务，仍不可否认其里程碑式的意义。

相较于第一代"美式模板"中的原则性规定，第二代"美式模板"在跨境数据流动议题上的规制立场就明确得多，其中以TPP的跨境数据流动条款为典型。首先，TPP承认缔约方在跨境数据流动

---

[1] Joshua P. Meltzer, The Importance of the Internet and Transatlantic Data Flows for U.S. and EU Trade and Investment, https://www.brookings.edu/wp-content/uploads/2016/06/internet-transatlantic-data-flows-version-2.pdf, 2021年4月2日访问。

[2] U.S.-Chile FTA, Art. 15.5 (c); U.S.-Dominican Republic-Central America FTA, Art. 14.5 (c); U.S.-Panama FTA, Art. 14.5 (c).

[3] U.S.-Korea FTA, Art. 15.8.

第四章 美国参与数字贸易国际规则制定的实践

上国内监管要求的正当性与必要性①——这是美国在跨境数据流动议题上的一个重要让步,但其并没有放弃"全球信息和数据自由流动"的目标——要求缔约方原则上应当允许"涵盖的人"进行业务活动所需的电子信息流动(包括个人信息)。② 同时,在对个人数据流动的限制上,TPP 设定了类似于 GATT 一般例外的"四步检验法",即需同时满足以下四个要素,缔约方才能对跨境数据流动进行限制:(1)为实现正当的公共政策目的;(2)不以恣意或不公的歧视性方式实施;(3)不构成对贸易的变相限制;(4)不超过实施目标所要求的限度③。此外,在 TPP 的谈判中,美国单独与澳大利亚在个人信息保护议题上达成了谅解备忘录。④

在 TPP 的基础上,USMCA 进一步提高了跨境数据流动自由化的要求。USMCA 与 TPP 最显著的区别是它删除了承认缔约方境内监管要求正当性的条款,由此可见,美国对于 TPP 中的妥协并不情愿。另一个差异是增加了对"不超过实施目标所需限度"范围的界定,即若缔约方仅以"跨境"为由对数据传输施加限制,导致竞争条件改变,进而对另一缔约方的服务提供者造成损害,该措施则属于满足"必要限度"条件。⑤ 这一标准与 WTO 国民待遇规则适用中的"真实联系"要求有相似之处。⑥ 在 TISA 电子商务附件谈判中,美国同样主张任何缔约方不得阻止另一方的服务提供者在该缔约方境外转移、访问、处理、存储包括个人信息在内的与其业务活动有关的信息。另外,该条款对金融服务的适用性还有待考虑。

尽管第二代"美式模板"将数据自由流动纳入了具有强制约束

---

① TPP,Art. 14.11.1.
② TPP,Art. 14.11.2.
③ TPP,Art. 14.11.3.
④ US-AU Letter Exchange on Privacy,https://ustr.gov/sites/default/files/TPP-Final-Text-US-AU-Letter-Exch-ange-on-Privacy.pdf,2021 年 4 月 2 日访问。
⑤ USMCA,Art. 19.11.2(b).
⑥ 李冬冬:《WTO 国民待遇规则适用中的"真实联系"要求》,载《国际经贸探索》2019 年第 2 期。

力的义务范围,打破了该领域无法可依的状态,但它对于促进WTO规则发展的作用仍然较为有限,只是象征性地将GATT和GATS的一般例外及相关的比例原则迁移到了数据流动议题中,在平衡贸易价值与非贸易价值方面并没有突破性的进展。究其原因,是因为其他国家从未对美国放下戒备,跨境数据自由流动在很大程度上只是美国的一厢情愿。①

二、计算设施本地化要求

在美国FTAs中,"计算设施"被定义为"处理或存储信息的商用计算机服务器和存储设备"②,"本地化"则意味着以在境内安置计算设施或使用境内计算设施,为在当地开展经营活动的前提。"美国—韩国FTA"中禁止新设数字贸易壁垒的条款③可以被视为美国FTA中最早的与本地化要求有关的规定,但这只是一种原则性的规定,第一个具有约束力的条款出现在TPP中。

TPP本地化要求的模式与跨境数据流动存在很大的相似性。首先,TPP承认缔约方本地化要求的正当性,但原则上禁止缔约方以计算设施本地化作为"涵盖的人"在其领土范围内从事经营的条件。④为了在这两者间达成平衡,TPP采取了与跨境数据流动相同的四步检验法,只有在通过检验的情况下,缔约方才能采取本地化措施。与TPP相比,USMCA的本地化条款则激进得多。USMCA完全禁止缔约方以计算设施本地化作为"涵盖的人"在其领土范围内从事经营的条件,⑤仅在金融服务章节留下了一个剥离条款;

---

① 张金平:《跨境数据转移的国际规制及中国法律的应对——兼评我国〈网络安全法〉上的跨境数据转移限制规则》,载《政治与法律》2016年第12期。
② TPP, Art. 14.1; TISA Annex on Electronic Commerce, Art. 14; USMCA, Art. 19.1.
③ U.S.-Korea FTA, Art. 15.8.
④ TPP, Art. 14.13.1 & 14.13.2.
⑤ USMCA, Art. 19.12.

第四章
美国参与数字贸易国际规则制定的实践

UJDTA 则吸收了这一剥离条款。① 在 TISA 谈判中，美国同样在本地化要求上坚持严格的禁止立场，要求任何缔约方不得以使用本地计算设施或将计算设施安装在本地，作为服务提供者在其领域内提供服务或投资的条件，② 但其他谈判方多不接受这一立场。

对美国而言，消除本地化要求是云计算与跨境数据流动规模扩大后的必然结果。美国企业在全球云计算服务市场中占据了绝大部分份额，且头部效应非常明显。而本地化要求几乎是各国抵御美国在云计算上强大比较优势的唯一路径，且能兼顾国家安全与个人信息保护等利益。据美国学者费弗等人统计，在 2011—2017 年间，全球数据本地化措施的数量增加了一倍。③ 因此，美国 FTAs 禁止数据本地化要求的立场几乎是必然的，其本质是美国发起的通过国际造法削弱"布鲁塞尔效应"④ 的一种尝试，即使美国 FTAs 本身不可能逆转本地化要求的趋势。⑤

相应地，美国学界也倾向于反对本地化措施，从产业利益与发展的角度都支持美国在 FTAs 中限制本地化要求。如强调本地化要求增加了计算成本（较"开放市场"高出 30%—60%），给寻求消费云服务的企业与国家带来了障碍，还导致这些采取本地化措施的企业和国家变成了更容易受到网络安全风险影响的"数据孤岛"；⑥ 再如指出本地化要求会扼杀企业的创新能力，电子商务世界正在经历

---

① UJDTA, Art. 12（2）.
② TISA Annex on Electronic Commerce, Art. 8.1.
③ Rachel F. Fefer et al., Digital Trade and U.S. Trade Policy, https://fas.org/sgp/crs/misc/R44565.pdf, 2021 年 4 月 2 日访问。
④ "布鲁塞尔效应"指欧盟善于在全球市场中采取单边规制，迫使世界其他国家或地区接受与欧盟同样的规则标准，进而增强欧盟在国际规则制定中的主导权和影响力。
⑤ George, Yijun Tian, Current Issues of Cross-Border Personal Data Protection in the Context of Cloud Computing and Trans-Pacific Partnership Agreement: Join or Withdraw, *Wisconsin International Law Journal*, Vol. 2, 2017.
⑥ Rachel F. Fefer et al., Digital Trade and U.S. Trade Policy, https://fas.org/sgp/crs/misc/R44565.pdf, 2021 年 4 月 2 日访问。

由个人计算机到移动互联网的过渡,而FTAs必须适应这一转变。①

三、源代码保护

源代码条款是第二代"美式模板"中新增的议题。以TPP为例,TPP禁止缔约方以转移或访问软件源代码作为在该缔约方境内进口、分销、销售或使用此软件或包含此软件产品的条件,②但该承诺仅适用于"大众市场"软件(对该术语未作界定),而不适用"关键基础设施"(也未作界定)所使用的软件。③这一承诺并不排除在商业谈判中要求提供源代码以及缔约方要求修改源代码"以使软件符合与TPP不相抵触的法律法规的规定",④也不适用于专利审查的有关事项。⑤

USMCA与UJDTA中的源代码条款更多地体现了美国的单边主义色彩。与TPP相比,USMCA将源代码保护的范围从源代码本身扩展到了其表达的算法(algorithm)⑥。根据USMCA的定义,"算法"是为解决问题或获得结果而预设的步骤序列,⑦作为源代码所表达的思想,本来不受著作权法的保护。但由于算法对人工智能、云计算等产业部门具有重大意义,因此美国为维系其竞争优势,必然会试图限制他国获取美国企业的技术。同时,USMCA的源代码条款明确并缩小了TPP源代码条款允许获得的源代码的范围。首先,获取源代码及算法的主体只能是缔约方的监管机构或司法机关,TPP中企业在商业谈判中披露源代码的行为被禁止;其次,获取源

---

① Brian Bieron, Usman Ahmed, Regulating E-commerce through International Policy, Understanding the International Trade Law Issues of E-commerce, *Journal of World Trade*, Vol. 3, 2012.
② TPP, Art. 14.17.1.
③ TPP, Art. 14.17.2.
④ TPP, Art. 14.17.3.
⑤ TPP, Art. 14.17.4.
⑥ USMCA, Art. 19.16.1.
⑦ USMCA, Art. 19.1.

代码及算法的用途限于调查、执法行动或司法程序，且需要有防止未经授权披露的保护措施；① 最后，涵盖的软件范围也不再限于"大众市场"软件，而是涉及所有软件，这无疑排除了缔约方审查涉及重大基础设施软件的权利。UJDTA 的源代码规则与 USMCA 基本相同。

"美式模板"中源代码条款所表现出的规制立场，同样有利于巩固美国在数字产业中的优势，但在全局上弊大于利，其禁止政府获取源代码固然有利于保护知识产权，但由于大部分软件的源代码都建立在其他程序的基础上，或者是结合其他程序编译产生的，因此禁止获取会造成程序重复和浪费，让发展中国家面临运用知识高成本的境地，无法实现高速发展。②

第五节　数字贸易的国内规制

一、国内电子交易法律框架

国内电子交易框架条款主要是对缔约方国内电子商务法律体系的总体要求，目前只有第二代"美式模板"就此设置了单独议题。TPP 要求缔约方维持符合贸法会《电子商务示范法》和《电子通信公约》规定的电子交易法律框架。同时，缔约方应努力避免向电子交易施加不必要的监管负担，并为利益相关方就电子交易法律框架表达意见提供便利。与 TPP 相比，USMCA 和 UJDTA 除删除了与《电子通信公约》有关的规定以外，没有其他变化。

二、电子认证与电子签字

电子认证即为电子通信或交易各方提供身份验证并保证电子通

---

① USMCA, Art. 19.16.1.
② 李杨等：《数字贸易规则"美式模板"对中国的挑战及应对》，载《国际贸易》2016 年第 1 期。

信的完整性的过程或行为。①

电子认证与电子签字的效力，是早期电子商务规则需要处理的重要问题，第一代"美式模板"就明确了这一问题上的规制立场，但 FTAs 规定的义务不尽相同。电子认证议题最早出现于"美国—澳大利亚 FTA"中，其要求缔约方不得通过立法禁止电子交易的当事方自行采取适当的认证方式，或不允许交易方在法庭程序中证明其电子交易在认证上的合规性；② 同时，缔约方应争取在中央政府层级实现数字证书的互认。③ 在后续缔结的"美国—秘鲁 FTA"及"美国—哥伦比亚 FTA"中，交易方证明交易认证合规性的场合不再限于司法程序，而是扩展到了行政程序，④ 不过这两个协定都没有涉及数字证书的问题。

"美国—韩国 FTA"则奠定了美国新的 FTAs 电子认证规则的模板，第二代"美式模板"的规制立场与其近似。"美国—韩国 FTA"较以往 FTAs 最大的区别在于电子认证方式上的例外。原本，在服务于合法政府目标或与该目标的实现有实质联系的情形下，缔约方可要求认证方式符合特定性能标准或经主管机关认证。⑤ 而采用第二代"美式模板"的 FTAs 则删除了认证方式例外中的合目的性要求。⑥ 此外，"美国—韩国 FTA"还强调不得因签字的电子形式而否认其有效性。⑦ TPP 与 USMCA 增加了电子认证互用的倡议性规定。⑧

---

① U.S.-Australia FTA，Art. 16.8.1；U.S.-Peru FTA，Art. 15.8；U.S.-Korea FTA，Art. 15.9；U.S.-Colombia FTA，Art. 15.8；TPP，Art. 14.1；TISA Annex on Electronic Commerce，Art. 14；USMCA，Art. 19.1.

② U.S.-Australia FTA，Art. 16.5.1.

③ U.S.-Australia FTA，Art. 16.5.2.

④ U.S.-Peru FTA，Art. 15.6 (b)；U.S.-Columbia FTA，Art. 15.6 (b).

⑤ U.S.-Korea FTA，Art. 15.4.2.

⑥ TPP，Art. 14.6.3；TISA Annex on Electronic Commerce，Art. 9.3；USMCA，Art. 19.6.3.

⑦ U.S.-Korea FTA，Art. 15.4.1 (c).

⑧ TPP，Art. 14.4.4.

第四章 美国参与数字贸易国际规则制定的实践

三、消费者保护

美国 FTAs 中的消费者保护条款主要针对的是欺诈性商业活动（fraudulent and deceptive commercial practices）。在第一代"美式模板"中，多采取"认识到重要性"（recognize the importance of）、"尽力"（shall endeavor）之类的表述，没有可执行的承诺，如"美国—澳大利亚 FTA""美国—阿曼 FTA"只强调通过透明、有效的措施，使消费者免受欺诈性商业活动的危害。① "美国—秘鲁 FTA"则开始涉及跨境电子商务中有关消费者保护机构的合作。② "美国—韩国 FTA"又增加了执法机构在打击电子商务中欺诈性商业活动上合作的要求。③

与第一代"美式模板"相比，第二代"美式模板"最大的差异在于加入了对缔约方国内消费者保护法的强制要求。④ 同时，消费者保护议题开始扩散到如"竞争政策"等其他章节。"竞争政策"章节的消费者保护条款更多的是一般性规定，如对"欺诈性商业活动"的定义、合作方式等，⑤ 而 TPP 电子商务章节中消费者保护条款则是对上述义务在电子商务领域的重申。USMCA 的消费者保护条款与 TPP 基本相同，而 UJDTA 则不涉及竞争政策问题，也相应地删除了消费者执法机构合作的有关要求。

四、个人信息保护

在美国 FTAs 中，个人信息指包括数据在内的，关于已被识别

---

① U.S.-Australia FTA, Art. 16.6; U.S.-Oman FTA, Art. 14.4; U.S.-Peru FTA, Art. 15.5.1.
② U.S.-Peru FTA, Art. 15.5.2.
③ U.S.-Korea FTA, Art. 15.5.
④ TPP, Art. 14.7.2.
⑤ TPP, Art. 16.2.2.

或可被识别的自然人的任何信息。① 个人信息具有人格权与经济利益的双重属性，对两种属性不同的价值判断导致美国与欧洲、澳大利亚等国在个人数据保护与跨境数据流动上相去甚远的立场。在国内法的层面上，美国倾向于将个人信息视为互联网贸易的对价，在数字经济的发展上长期持"自由放任"的立场，这造就了美国互联网产业的繁荣，但统一、总体数据隐私和保护框架的缺位受到一些隐私保护倡议者的批评。②

第一代"美式模板"几乎没有涉及个人信息保护的议题，仅"美国—韩国 FTA"信息流动条款提及了个人信息保护的重要性，但并没有其他拘束性条款补强其执行力。直到第二代"美式模板"，个人信息保护才得到重视。在 TPP 中，个人信息保护首次成为一个单独议题。该议题一共包含五条，涉及个人信息保护的主体、路径、意义等方面。TPP 强调了个人数据保护在提振消费者对于电子商务的信心上的作用；此外，TPP 还将个人数据保护的权利主体限定为电子商务用户。在缔约方的义务上，TPP 要求缔约方应建立或维持保护个人信息的法律框架，并在其中加入有关国际组织所确立的原则及指南；缔约方应通过信息交换，在双边及多边层面提升各国监管框架的兼容性；缔约方应通过信息公开，指导个人寻求救济及企业合规运营；在保护电子商务消费者个人信息免受侵犯的活动中，缔约方应遵循非歧视原则。此外，在跨境数据流动自由化的安排中，TPP 尤其强调了"个人信息"的自由流动。

与 TPP 相比，USMCA 最明显的变化无疑是"数字贸易"概念对"电子商务"的取代。此外还有监管原则的细化，USMCA 引入了亚太经济合作组织（APEC）《跨境隐私规则体系》和 2013 年经济合作与发展组织（OECD）《隐私保护与个人数据跨境流通指南》，将其

---

① TPP, Art. 14.1; TISA Annex on Electronic Commerce, Art. 14; USMCA, Art. 19.1.

② Martin A. Weiss, Kristin Archick, U.S.-EU Data Privacy: From Safe Harbor to Privacy Shield, https://fa-s.org/sgp/crs/misc/R44257.pdf, 2021 年 4 月 2 日访问。

作为对缔约方监管框架的指引，并列举了个人数据保护的九项核心原则。① 同时，USMCA 再次强调了跨境数据流动限制措施的合比例性。② 而 UJDTA 则在 TPP 基础上有所后退，如不再强调规制合作及执法的非歧视性。③ 即使第二代"美式模板"对缔约方的国内个人信息保护法制定提出了要求，但相较于欧盟的保护标准仍宽松不少，对于与美国缔约的发达国家，其国内个人数据保护水平甚至可能并不低于美国，而对于 TPP 中的发展中成员（如文莱、越南等），TPP 亦设置了一定的过渡机制。但是，第二代"美式模板"在个人信息保护上对贸易价值的强调也招致了一些批评，如"浮士德式"的交易——以置本国个人信息于风险中为代价，换取美国对其"贸易自由"的认可。④

五、垃圾商业电子信息

垃圾商业电子信息指出于商业或营销的目的，通过互联网接入服务提供方或在法律法规允许的范围内通过其他电信服务，向电子地址发送的电子信息，且该发送未经接收人同意或接收人已明确拒绝而仍发出。⑤ 该问题由来已久，但第二代"美式模板"才考虑到了这一问题。TPP 要求缔约方对非应邀电子信息采取的措施主要有三，包括要求发送者为接收者提供便利措施，使接收者不再继续收到该类信息；依据缔约方境内法规，要求获得接收者对接收该类信息的事先同意；将非应邀电子信息降低到最低程度。⑥ 在发送者违反上述

---

① USMCA，Art. 19.8.3.
② USMCA，Art. 19.8.3.
③ UJDTA，Art. 15.
④ Graham Greenleaf, The TPP Agreement: An Anti-privacy Treaty for Most of APEC, *Privacy Laws & Business International Report*, Vol. 138, 2015, pp. 21-23.
⑤ TPP，Art. 14.1；TISA Annex on Electronic Commerce，Art. 14；USMCA，Art. 19.1.
⑥ TPP，Art. 14.14.1.

规定的情形下,成员方应提供对信息发送者的求偿权。① 同时,成员方应在对垃圾商业电子信息的监管中努力合作。②

USMCA 也基本延续了 TPP 的模式,只是对于电子邮件与其他电子通信的监管要求有部分差别。对于电子邮件形式的信息,USMCA 采取与 TPP 一致的要求;对于非电子邮件形式的信息,USMCA 要求缔约方尽力采取措施,使消费者得以减少或阻止对该类型信息的接收。③ UJDTA 取消了将非应邀电子信息降至最低程度的要求。④

六、交互式计算机服务

交互式计算机服务(interactive computer services)是美国 FTAs 电子商务章节中的新议题,目前仅见于 USMCA 与 UJDTA,两者规定基本相同。但在国内规制上,美国国内法早有实践。在 1996 年《美国通讯规范法》(Communication Decency Act)中,"交互式计算机服务"就被定义为"支持、协助多用户访问计算机服务器的信息服务、系统或访问软件提供者,尤其是支持用户访问互联网的服务或系统,以及由图书馆或教育机构运营的系统或提供的服务"⑤,除了删除了后面的列举性内容,USMCA 对交互式计算机服务的定义与《美国通讯规范法》完全一致。交互式计算机服务概念的范围大于互联网服务,但由于互联网是最典型、最主要的交互式计算机网络,即使不止互联网这一种形式,美国司法界与学术界通常也会互

---

① TPP, Art. 14.14.2.
② TPP, Art. 14.14.3.
③ USMCA, Art. 19.13 (2).
④ UJDTA, Art. 16.
⑤ 法律原文是:"The term 'interactive computer service' means any information service, system, or access software provider that provides or enables computer access by multiple users to a computer server, including specifically a service or system that provides access to the Internet and such systems operated or services offered by libraries or educational institutions"。

用交互式计算机服务提供者与互联网服务提供商两个概念。①

在交互式计算机服务提供者的民事责任上，USMCA 第 19.17.2 条及第 19.17.3 条基本复制了《美国通讯规范法》中的"好撒玛利亚人"（Good Samaritan）条款。② 第 19.17.2 条规定，在确定信息有关的损害责任时，交互式计算机服务的提供者与用户均不能被视为信息内容提供者，③ 且缔约方应通过其国内立法及司法实践中既有的法律原则遵守这一规定。④ 第 19.17.3 条则固定了交互式计算机服务的提供者或使用者不承担民事责任的情形，包括：（1）自愿且善意地限制访问或限制获取其认定为有害或令人反感（objectionable）的材料信息；（2）向信息内容提供者或他人提供技术手段，以便其限制访问其认定为有害或令人反感（objectionable）的材料信息⑤。不过，这一"好撒玛利亚人"条款不适用于缔约方采取的与知识产权有关的措施，如知识产权的侵权责任，以及知识产权的保护或执法，也不适用于刑法的执行及执法机关的特定命令（这些命令应符合第 19.17.2 条）。此外，该条还适用附件 19-A 针对墨西哥的例外及过渡措施，即 USMCA 生效 3 年后该条才适用于墨西哥。交互式计算机服务条款受"一般例外"章节（USMCA 第 32.1 条）及 GATS 第 14 条第（a）款中公共道德例外的约束。

---

① 张金玺：《美国网络中介者的诽谤责任与免责规范初探——以〈通讯端正法〉第 230 条及其司法适用为中心》，载《新闻与传播研究》2015 年第 1 期。

② "好撒玛利亚人"条款即（1）交互式计算机服务的提供者或用户不得被视为其他信息内容提供者提供的任何信息的发布者或发言人。（2）互动式电脑服务的提供者或使用者无须因以下事项而负法律责任——（A）出于善意自愿采取的任何行动，以限制供应商或用户对其认为淫秽、猥亵、肮脏、过度暴力、骚扰或其他令人反感的材料的访问或提供，无论这些材料是否受到宪法保护；或（B）为使信息内容提供商或其他人能够或能够使用技术手段来限制对第（1）段所述材料的访问而采取的任何行动。

③ USMCA，Art. 19.1. 在 USMCA 中，信息内容提供者指"通过互联网或其他交互式计算机服务，全部或部分创建或开发信息的个人或实体"。

④ USMCA，Art. 19.17.2.

⑤ USMCA，Art. 19.17.3.

七、开放互联网原则

互联网接入与使用一般是电信章节的议题,首次出现在电子商务章节是在"美国—韩国 FTA"中,采用第二代"美式模板"的 RTAs 也都多有涉及,但都没有可执行的承诺。"美国—韩国 FTA"中包含了缔约方对消费者利益的总体确认,即在缔约方法律不禁止的情形下,消费者能自主选择将设备接入互联网,自主选择需访问、使用的服务与数字产品;在不妨碍执法需要的前提下,自主选择所运行的应用与服务;同时,消费者应能享受网络、应用、服务及内容提供者竞争所带来的便利。这些内容所反映的美国法律和实践中根植的"开放互联网原则"在 TPP 与 USMCA 中也得到了体现,但 UJDTA 则没有该条款。TPP 第 14.10 条与"美国—韩国 FTA"第 15.7 条相似,但没有涉及竞争政策问题,其独特之处在于第 14.12 条新增了互联网互通费用分摊的议题,即缔约方的互联网服务提供商可就网络设施的建立、运营与维护的补偿事项,在商业基础上进行谈判。在 TISA 谈判中,美国基本延续了 TPP 第 14.10 条的主张。对于瑞士、日本等国将技术中性原则引入互联网服务监管的主张,美国持中立立场。USMCA 更多地体现了美国去规制的立场,即不再强调互联网接入与使用的自由化受到缔约方国内法律的限制。①

第六节 数字贸易的规制合作

一、规制合作机制

国际合作条款多是一些没有强制拘束力的条款,但它代表了电子商务议题的发展趋势,往往孵化着下一代数字贸易规则的部分议题。第一代"美式模板"的合作条款主要涉及以下五个方面:

---

① USMCA,Art. 19.10.

(1)克服中小企业在运用电子商务中遇到的障碍;(2)分享电子商务领域的法律、法规、计划方面的经验,包括数据隐私、消费者信心、网络安全、电子签字、知识产权与电子政务等有关议题;(3)努力维持跨境数据流动,将其作为充满活力的电子商务环境的一个基本要素;(4)鼓励私人部门自治,包括行为守则、示范合同、准则及促进电子商务的执行机制;(5)在多边层面积极参与国际合作,促进电子商务发展。[①]

第二代"美式模板"基本延续了第一代"美式模板"的模式,其内容有所增加,但不再提及跨境数据流动。以 TPP 为例,TPP 要求缔约方之间交流信息,并分享关于消费者获得在线提供的产品和服务的意见。在立法经验分享方面,TPP 增加了非应邀电子信息的内容。此外,TPP 还强调缔约方应协助中小企业克服电子商务使用中的困难。

UMSCA 大体延续了 TPP 的模式,最明显的变化就是"电子商务"到"数字贸易"的转变。UMSCA 删除了与协助中小企业有关的内容,而在隐私保护上有所发展。它要求缔约方就增强隐私框架的互用性(如 APEC 的《跨境隐私规则体系》)的有关机制维持对话;缔约方应发展用户就个人信息保护事项进行跨境投诉的协助机制。同时,UMSCA 开始注意到残障人士的数字权利,要求缔约方促进残障人士对信息与通信技术的获取。最后,UMSCA 还认为缔约方应考虑建立一个论坛,处理与合作议题及电子商务章节有关的任何事项,而 UJDTA 没有合作条款。

二、无纸贸易、透明度与政府数据开放

无纸化贸易管理是一个相对容易达成共识的议题。第一代"美式模板"要求缔约方应努力以电子形式将全部贸易管理文件公之于众,并接受通过电子方式提交的贸易管理文件与其纸质版具有同等

---

① e.g. U.S.-Chile FTA, Art. 15.5.

法律效力。① 这一规定与《贸易便利化协定》(TFA)的有关规定近似。②

在透明度议题上，采用第一代"美式模板"的FTAs没有专门的"透明度"章节，只能在电子商务章节中设置单独的透明度条款，要求缔约方向公众公布与电子商务有关的法律、法规及其他规范性措施。

采用第二代"美式模板"的FTAs均设置了单独的透明度章节及"规制一致性"（Regulatory Coherence）或"良好规制实践"（Good Regulatory Practice）章节。其中的规定基本涵盖了原来无纸贸易与透明度议题的内容，因而不再单独设置条款。不过，USMCA与UJDTA中新增的政府数据公开（open government data）条款仍与之有关。

美国在政府数据开放议题上的国际造法早已存在。2011年，美国与英国、巴西、墨西哥等国签署了《开放数据声明》，联合成立开放政府合作伙伴组织（OGP）。但该议题首次见于美国的FTAs中是USMCA，UJDTA中的规定与之类似。在USMCA中，政府信息（government information）被定义为中央政府持有的，包括数据在内的非专有信息（non-proprietary information）③。USMCA强调了缔约方对政府信息开放重要性的认识，并指出便利公众对政府信息的访问与使用促进了经济社会的发展、竞争力与创新。因此，在选择向公众提供包括数据在内的政府信息时，缔约方应尽量采取可机读的开放格式，且能检索、使用、重复使用和再分发。同时，缔约

---

① U.S.-Australia FTA, Art. 16.7; U.S.-Peru FTA, Art. 15.7; U.S.-Colombia FTA, Art. 15.7; U.S.-Korea FTA, Art. 15.6; TPP, Art. 14.9; USMCA, Art. 19.9. "贸易管理文件"指缔约方签发或控制的、必须由进口商或出口商填写的有关货物进出口的表格。U.S.-Australia FTA, Art. 16.8.5; U.S.-Peru FTA, Art. 15.8; U.S.-Korea FTA, Art. 15.9; TPP, Art. 15.8; TPP, Art. 14.1; USMCA, Art. 19.1.

② Henry Gao, Regulation of Digital Trade in US Free Trade Agreements: From Trade Regulation to Digital Regulation, *Legal Issues of Economic Integration*, Vol.1, 2018.

③ USMCA, Art. 19.1.

方应努力合作,探寻如何扩大可获取和使用的公开政府信息的范围,以增加和创造商业机会。

三、网络安全

网络安全风险贯穿于依赖数字信息的所有行业部门,美国强调网络安全合作并非杞人忧天,而是未雨绸缪。白宫经济顾问委员会称,2016年恶意网络活动(商业中断、盗窃专有信息)给美国经济造成高达1090亿美元的损失。[①] 网络安全议题最早见于第一代"美式模板"的合作条款中,只涉及电子商务立法有关的信息与经验共享。[②] 在第二代"美式模板"中,网络安全合作议题虽然仍然属于倡议性条款,不具有拘束力,但开始涉及具体议题,如识别和减少缔约方电子网络的恶意入侵或恶意代码的传播。[③] 在 TPP 基础上,USMCA 与 UJDTA 取得了一定进展。缔约方不再只"认识到"(recognize)网络安全合作的重要性,还将"致力于"(shall endeavor to)落实条款中的具体内容。[④] 在具体内容上,两个协定都强调了灵活运用合作机制以应对网络安全突发事件,并指出基于风险的监管路径(risk-based approaches)较传统的事前监管(prescriptive regulation)更为有效。同时,二者还引入了公私合作的理念,鼓励企业在其管理的范围内采取这种基于风险的监管路径,以识别、抵御网络安全风险。[⑤]

四、争端解决机制的适用性

一般而言,若 FTAs 争端解决章节或电子商务章节的有关条款不排除争端解决机制对数字贸易的适用,电子商务章节中的有关义

---

① USMCA, Art. 19.1.
② e.g. U.S.-Chile FTA, Article 15.5(b).
③ TPP, Art. 14.16.
④ USMCA, Art. 19.15.1.
⑤ USMCA, Art. 19.5.2.

务则可适用争端解决机制。在美国 FTAs 中，电子商务章节极少就争端解决另行规定，即使是 UJDTA 也没有另外规定争端解决条款，只有 TPP 的电子商务章节就争端解决作了另外安排。TPP 涉及的成员方众多，有别于以往一对一的 FTAs 模式。根据 TPP 的争端解决适用条款，在协议对马来西亚、越南生效的两年内，缔约方不得依据二者就数字产品的非歧视待遇（第 14.4 条）及跨境数据流动（第 14.11 条）条款承担的义务诉诸 TPP 争端解决机制。对于越南，本地化条款（第 14.13 条）也适用相同的安排。

第五章
欧盟数字贸易规则的发展

数字贸易时代,国际经贸活动从物理世界延伸至数字世界。根据中国信息通信研究院2020年12月发布的《数字贸易发展白皮书(2020年)》可知,2019年全球数字服务贸易(出口)规模达31925.9亿美元,逆势增长3.75%,增速超过同期服务贸易和货物贸易。由于全球性新冠肺炎疫情的暴发与持续,这一发展进程将进一步加快。

欧盟在数字贸易规则方面的发展举世瞩目,无论是"单一数字市场战略"等宏观性的战略规划,还是近些年个人数据与非个人数据保护规则、电子商务规则、信息网络安全规则等具体规则的陆续出台与更新,都走在了世界前列。更为重要的是,欧盟在数字贸易规则框架的搭建上并未囿于欧盟内部,而是与各个国家展开了相关规则的磋商与谈判,这使得欧盟数字贸易规则的发展与全球紧密相连。

第一节 欧盟相关数字市场战略

一、欧洲数字化议程(Digital Agenda for Europe)(2010年)

2010年5月19日,欧盟委员会公布了为期5年的"数字化议程"计划,将在欧盟27个成员国部署超高速宽带,并把促进电信领域增长定为首要任务,计划的内容还包括促进合法的音乐下载、提高宽带接入和成立一个应对网络攻击快速反应系统,并计划在2010年之后的10年里大幅增加欧洲使用在线公共和商业服务的人口数量。

"数字化议程"主要关注7大领域：创建统一的数字市场,改善信息技术标准和兼容性,提升互联网信任与安全,提高宽带覆盖,增加研发投资,提高全民数字素养,使用信息与通信技术（ICT）应对气候变化等问题。①

欧盟新时代的数字化进程自此轰轰烈烈地拉开序幕,这也是欧盟面对数字市场未来发展的基础战略构建。

二、单一数字市场战略（Digital Single Market Strategy）（2015年）

单一数字市场战略的相关文件对何为单一数字市场作出了解释。单一数字市场是指确保商品、人员、服务和资本自由流动的,个人和企业可以在公平竞争条件下无缝访问和进行在线活动的,拥有高水平的消费者保护和个人数据保护而无论其国籍或居住地的市场。

为了抓住数字革命带来的数字机遇,结合2010年发布的"欧洲数字议程",欧盟委员会于2015年5月6日启动了"单一数字市场战略",旨在通过一系列举措革除法律和监管障碍,将28个成员国市场打造成为一个统一的数字市场,以繁荣欧盟数字经济。"单一数字市场战略"是目前欧盟发展内部数字市场乃至全球数字市场最为核心与重要的战略。

这一战略以三大支柱、十六项关键计划为核心。第一大支柱旨在便利消费者和企业跨欧盟获取数字产品和服务,涵盖跨境电商、消费者保护、物流、地理屏蔽、电商领域反垄断调查、版权法改革、卫星和有线指令审查、税费改革等事项。第二大支柱旨在为数字网络和创新性服务繁荣发展创造适宜的条件和公平竞争的环境,涵盖电信规则改革、音视频媒体制度审查、在线平台规则、个人数据保

---

① 张进京：《欧洲数字议程（上）》,载《中国信息界》2011年第1期。

护、网络安全等事项。第三大支柱旨在最大化数字经济的增长潜力，涵盖数据自由流动、标准和互操作性、数字技能等事项。①

而由于欧盟近年来经济问题时常显现，各种新类型的网络威胁不断增多（如"斯诺登事件"），因此经济恢复与保护网络安全两个方面也是欧盟实施"单一数字市场战略"的重要目标。②

2014年7月15日，时任欧盟委员会主席容克通过演讲表达了欧盟对于数字化的高度重视："加强利用数字技术和在线服务应成为一项上层政策，涵盖经济和公共部门的所有部门。"这一讲话内容也被纳入"单一数字市场战略"文件中。

三、迈向数字贸易战略（Towards a Digital Trade Strategy）（2017年）

2017年，欧盟通过了最新的数字贸易战略报告，强调了欧盟作为利益共同体和世界上最大的服务出口国应根据以下三个要素制定关于数字贸易流动的国际规则和协定中的标准：（1）确保第三国数字产品和服务的市场准入；（2）确保贸易规则为消费者创造切实利益；（3）确保和促进对基本权利的尊重。报告围绕电子商务、网络中立、消费者保护、跨境数据流动等方面提出建议，强调欧盟应继续从双边、多边角度作出努力，确保第三国对外国投资的开放程度相当于欧盟标准，并且为欧盟经营者维持一个公平的竞争环境。该报告还建议欧盟委员会制定一项条例，以建立审查外国直接投资进入欧盟的框架，并促进其达成更好地保护关键基础设施的目标。此外，该报告还提到了关于"5G"未来的发展建议。

---

① 曹建峰：《欧盟如何为繁荣数字经济打造统一的数据法律规则？》，https://mp.weixin.qq.com/s?_biz=MjM5OTE0ODA2MQ%3D%3D&idx=1&mid=2650882791&sn=a41a1c1fcec66fc974dd92cc58fcf274，2021年3月27日访问。
② 陈子媛：《数字贸易战略比较与分析——以美国、欧盟、中国为例》，https://www.sohu.com/a/259781530_652123，2021年3月27日访问。

四、小结

数字科技在近十多年来发展十分迅猛，欧盟在主导全球数字市场规则方面也不甘落后，从 2010 年到发布数字战略都表明了欧盟从政策上对数字市场经济的重视。

欧盟对于"数字贸易"并没有单独的定义，但是从欧盟对单一数字市场的定义可以看出，它对数字贸易看重四个方面：一是商品、人员、服务和资本的自由流动，二是个人和企业在公平竞争前提下访问网络的便利性，三是对消费者保护的重视，四是对个人数据保护的重视。

从这三份政策性文件可以看出欧盟面对发展迅速的数字科技的应变之快。欧盟在一些战略文件中也指出要每五年制定一次相关战略。值得注意的是，"单一数字市场战略"是目前欧盟面对全球数字贸易最核心的战略，其中包含了在数字市场背景下数据流动、网络安全、电子商务等各方面的政策宗旨。

第二节　欧盟数据保护机构

一、欧洲数据保护专员公署（European Data Protection Supervisor，EDPS）[①]

EDPS 的核心任务之一是监督欧盟相关机构在处理个人信息时做到无可指责。该机构通过监控那些使用（处理）个人数据或信息的活动来完成监督职责。个人数据可以是公民个人的，也可以是为欧盟工作或与欧盟合作的任何人的个人资料，包括访客、承建商或拨款受益者的个人资料。欧盟机构处理个人信息的目的有很多，它

---

① 欧洲数据保护专员公署官方网址：https://edps.europa.eu/，2021 年 3 月 28 日访问。

第五章
欧盟数字贸易规则的发展

们的核心业务活动反映了从食品安全到疾病预防和金融稳定这些与欧洲社会有关的问题。该机构还监督欧洲刑警组织，该组织是一个积极与执法当局合作打击国际犯罪和恐怖主义的欧盟机构。

EDPS 的监督工作和职责在《一般数据保护条例》（GDPR）中也有规定，其职责与欧盟国家的国家数据保护机构类似。但数据保护规则对于欧盟机构来说并不是什么新鲜事，自 2004 年开始运营以来，欧洲数据保护专员公署一直在监督欧盟机构数据保护的合规性。[1]

（一）EDPS 的监察职责

EDPS 的监察职责具体如下：第一，欧盟机构通过其数据保护官员（DPOs）向该公署咨询建议或进行磋商。在某些情况下，这些磋商是强制性的，例如，当欧盟机构不确定数据保护影响评估中确定的保护措施或制定限制数据主体权利的内部规则时，需要事先进行磋商咨询；而在其他情况下，磋商是自愿的。第二，该公署会应要求或主动提供书面或口头意见。第三，提高欧盟机构对数据保护的意识，并提供培训。第四，进行数据保护审核以验证实践中的合规性。第五，处理个人就欧盟机构处理其资料的投诉。第六，根据第三方提供的信息或主动进行调查。第七，对数据泄露进行通知并对其进行跟进。第八，定期进行调查，收集统计数据，作为与欧盟机构的基准和比较。第九，监督在一般或有针对性的盘点工作中有突出不足的机构，督促其更好地遵守规则。

（二）EDPS 的执行权力

当欧盟机构不遵守数据保护规则时，EDPS 可以使用法规中规定的执行权力，例如：（1）警告或训诫非法或不公平地处理他人个人数据的欧盟机构。（2）命令欧盟机构遵守个人要求行使的本人的

---

[1] https://edps.europa.eu/data-protection/our-role-supervisor_en，2021 年 3 月 28 日访问。

权利（例如查阅本人的资料）。（3）对特定数据处理操作实施临时或最终禁令。（4）对欧盟机构征收行政罚款。（5）将案件提交欧盟法院审理。

根据欧盟第1725/2018号条例，自2018年12月12日起，所有欧洲机构及团体均有责任向EDPS报告特定类型的个人资料外泄事件。在可行的情况下，每一个欧盟机构都必须在发现漏洞后的72小时内采取行动。如果存在对个人的权利和自由产生不利影响的高风险，欧盟机构还必须及时通知相关个人，不得有不必要的延误。

2015年7月30日，EDPS发布了2015—2019年数据保护战略报告，该报告罗列了其在2015—2019年间针对数据保护所采用的战略。数据保护几乎影响到欧盟的每一个政策领域，并且是使欧盟政策合法化和增进对欧盟政策信任的关键因素。新的EDPS战略旨在提供一个框架，通过该框架加强欧盟机构的数据保护文化。战略还提出为决策者提供工具包（toolkits）的想法，以帮助他们开发应对数据保护挑战的创新解决方案。①

二、欧洲数据保护委员会

欧洲数据保护委员会是欧盟机构之一，负责自2018年5月25日起GDPR的适用问题。它由每个数据保护机构（DPA）的负责人和EDPS或其代表组成，EDPS是其常设秘书处。欧洲数据保护委员会是欧盟新数据保护领域的核心，它有助于确保数据保护法在欧盟范围内得到一致应用，并确保数据保护机构之间的有效合作。该委员会不仅会发布关于GDPR核心概念解释的指导方针，而且还会通过对跨境争议处理作出具有约束力的决定进行规制，以确保统一适用欧盟规则，避免同一案件可能在不同的司法管辖区获得不同的处

---

① 欧洲数据保护专员公署官方网站，https：//edps.europa.eu/data-protection/our-work/our-work-by-ype/strategy_en，2021年3月28日访问。

理结果。①

欧洲数据保护委员会有以下权力：(1) 提供一般性指南（包括指南、建议和最佳实践等）以阐明法律；(2) 就欧盟内涉及个人数据保护和新提议立法的任何问题向欧盟委员会提供咨询；(3) 在跨境数据保护案件中采取一致性措施；(4) 促进国家监管当局之间的合作以及有效的信息交流和最佳实践。

其中，针对 GDPR 发布解释法律的一般性指南则是欧洲数据保护委员会最重要的职责。2018 年以来，欧洲数据保护委员会发布了大量针对 GDPR 的适用指南，② 比较重要的包括《关于 GDPR 适用地域范围（第 3 条）的解释指南》《关于 GDRP 第 6 条第（1）款（b）项处理个人数据的解释指南》《数据控制者和处理者指南》。

（一）《关于 GDPR 适用地域范围（第 3 条）的解释指南》

2018 年 11 月 16 日，欧洲数据保护委员会通过了《〈关于 GDPR 适用地域范围（第 3 条）的解释指南〉的公开征求意见稿》。GDPR 第 3 条采用两个主要标准来定义地域范围，即第 3 条第（1）款的"经营场所"标准和第 3 条第（2）款的"目标指向"标准。只要满足这两个标准中的一个，相关控制器或处理器处理个人数据时就应当受到欧洲数据保护委员会的管辖。

1. 关于"经营场所"标准的适用

欧洲数据保护委员会接着说明了上述两个标准的适用条件。关于"经营场所"标准的适用条件，欧洲数据保护委员会称要考虑三重因素：(1) 判断实施处理活动的数据控制者或者数据处理者的实

---

① 欧盟委员会官方网站，https://ec.europa.eu/info/law/law-topic/data-protection/reform/rules-business-and-organisations/enforcement-and-sanctions/enforcement/what-european-data-protection-board-欧洲数据委员会_en#answer，2021 年 3 月 28 日访问。

② 由于欧洲数据保护委员会发布的文件较多，本书仅对笔者认为比较重要且对我国较有参考意义的三份文件作出分析，其他指南文件可以登录欧洲数据保护委员会官网查看。

体。(2) 判断该实体是否在欧盟境内设立了 GDPR 意义上的"经营场所"。特别要注意的是，1995 年《数据保护指令》出台后，欧盟法院就在裁定中把设立"经营场所"的概念从"在特定地域注册法律实体"延伸到了没有法律实体，但"通过稳定的安排进行了实际、有效的业务活动"的情形，GDPR 也采纳了裁定中的理念。同时，欧洲数据保护委员会也强调虽然经营场所的概念很广泛，但并非没有限制，需要通过考察境外主体提供服务的性质和在欧盟境内开展活动的有效性和稳定性来判断是否存在"稳定性安排"，不能仅仅因为企业的网站在欧盟中是可访问的，就断定非欧盟实体在欧盟中拥有经营场所。(3) 判断"个人信息处理活动是否发生在此经营场所开展活动的场景中"。先确定欧盟境外的数据控制者或数据处理者的数据处理活动是否涉及个人信息；再确定上述数据处理活动与数据控制者或数据处理者在欧盟的经营场所的活动场景之间是否有潜在联系；如果确定存在潜在联系，再判断这种联系是否有不可分割性，若非欧盟实体的数据处理活动与它在欧盟境内经营场所的活动场景的关联度非常弱，则该非欧盟实体不应被纳入欧盟法的管辖；最后欧洲数据保护委员会重申，无论发生在经营场所开展活动的场景中的数据活动是否发生在欧盟境内，或被处理的个人信息数据主体的所在地或国籍是否为欧盟成员国，GDPR 都将适用。

欧洲数据保护委员会也特别强调，数据控制者和处理者根据"经营场所"标准适用 GDPR，将分别受相应的不同条款约束。欧洲数据保护委员会区分了不同情形下 GDPR 的具体适用情况：(1) 欧盟境内的数据控制者和数据处理者应分别遵守 GDPR 对"数据控制者"和"数据处理者"的条款要求。(2) 当欧盟境内的数据控制者委托不受 GDPR 管辖的数据处理者进行处理时，欧盟的数据控制者应委托能够提供足够保证的、有能力采取满足 GDPR 要求措施的、可以保护数据主体权利的数据处理者，且应确保不受 GDPR 管辖的数据处理者可以基于合同或欧盟或成员国法律的要求，遵守 GDPR

第五章 欧盟数字贸易规则的发展

第 28 条的规定。因此，不受 GDPR 管辖的数据处理者将基于 GDPR 第 28 条规定的合同安排间接地受到适用 GDPR 的数据控制者的特定义务的约束。此外，相关主体也可能适用 GDPR 第五章关于数据跨境移转的规定。(3) 第 3 条第 (1) 款的判断依据应是数据处理活动在数据控制者自身的活动场景下发生，数据处理者在欧盟境内有营业场所将不被视为数据控制者有营业场所。"非欧盟"数据控制者不会仅仅因为委托欧盟的数据处理者处理数据就受制于 GDPR 管辖。在欧盟内设立的数据处理者仍将按照第 3 条第 (1) 款的规定，受 GDPR 的有关数据处理者规定的约束。

最后欧洲数据保护委员会在指南中强调，欧盟领土不能被当做"数据避风港"。当处理活动涉及不可接受的道德问题，以及欧盟数据保护法之外的法律义务，特别是与公共秩序有关的欧盟和国际规则时，数据处理者都需遵守相关规则，无论数据控制者在何处。

2. 关于"目标指向"标准的适用

关于"目标指向"标准的适用条件，欧洲数据保护委员会称要考量两重因素：(1) 判断被处理的个人信息的数据主体是否位于欧盟领土内。欧洲数据保护委员会认为，根据第 3 条第 (2) 款，数据主体在触发本条适用的相关数据处理活动发生之时（即在提供商品或服务之时，或在监控行为发生之时）是否位于欧盟领土内，是适用该目标指向标准的决定因素，数据主体的国籍或法律地位不能限制本条的适用。(2) 第一，判断未在欧盟设立经营场所的数据控制者或处理者的处理活动是否被视为向欧盟境内主体"提供商品或服务"。欧洲数据保护委员会强调，处理活动是否被视为向欧盟境内主体"提供商品或服务"主要取决于数据控制者向欧盟数据主体提供商品或服务的意图，在具体案件中，需要对数据控制者的商业活动进行综合分析，以确定是否针对欧盟数据主体提供商品或服务，同时该指南也详细列举了一些考量因素。另外，该指南声明，仅仅能够访问控制者、处理者或中间人的网站,在网站上提及其电子邮件或地理地址,或者展示无国际代码的电话号码,并不足以证明控制者或处理者有意向为欧盟的数据主体提供商品或服务。第二,判断未在欧盟设立经营场所的数据控制者或处理者是否监控了欧盟数据主体的行为,且被监控的行为必须在欧盟的领土内进行。该指南强调,不是任何在线收集或分析欧盟主体个人信息的行为都会被自动认定为"监控"。需要判断数据控制者处理数据的目的,特别是涉及该数据后续采用的数据处理技术,如识别分析或行为分析技术。同时该指南也前瞻性地强调"监控"不仅包括传统的互联网上的追踪,也包括通过可穿戴设备和其他智能设备等涉及个人信息的网络或技术跟踪行为。

(二)《关于GDPR第6条第(1)款(b)项处理个人数据的解释指南》

2019年4月9日,欧洲数据保护委员会通过了《关于GDPR第6条第(1)款(b)项处理个人数据的解释指南》的公开征求意见稿。

GDPR第6条第(1)款(b)项规定了一种处理行为可被视为合法的情形,即"处理是为履行数据主体参与合同的必要行为,或者处理是因数据主体在签订合同前的请求而采取的措施"。也就是说,该条款在以下任意两个条件满足时得以适用:第一,所涉及的处理必须客观上是履行与数据主体的合同所必需的;第二,必须客观地进行处理,以便根据数据主体的要求采取合同签订前的相关步骤。

该指南对处理行为的合法性依据提出了建议,并对上述两种条件作出了解释:

(1)在合法性依据的要素上,欧洲数据保护委员会表示要将GDPR看成一个整体考虑而不是单独看该条款,要同时考虑GDPR第1条所列出的目标并遵守第5条有关个人数据处理的原则,包括

第五章
欧盟数字贸易规则的发展

以公平和透明的方式处理个人资料,并符合目的限制进行数据最小化的义务。合法性因素之一是网上服务合同必须是有效的,例如当数据主体是一个儿童时,数据控制者必须确保其符合有关儿童签订合同能力的相关国家法律。此外,为确保符合公平和合法原则,控制也需要满足行为涉及的法律的要求。如果处理不被认为是"履行合同所必需的",即在没有进行特定处理的情况下依然可以提供所请求的服务时,欧洲数据保护委员会承认,如果符合有关条件,则可适用另一合法性依据。在某些情况下,第6条第(1)款(a)项依靠自由给予的同意可能更为适当;而在另外一些情况下,第6条第(1)款第(f)项可为处理提供更适当的法律依据。一些观点认为,如果"控制人寻求处理实际上履行合同所必需的个人数据,则同意不是适当的合法依据"。欧洲数据保护委员会则认为,如果处理过程实际上并不是履行合同所必需的,则只有依靠另一个适当的法律依据,才能进行这种处理。

(2)"必要性"是上述两种条件均需具备的特点。应指出的是,必要性概念在欧洲联盟法律中有着独立的含义,它必须反映数据保护法的目标。因此,它还涉及隐私权和个人数据保护的基本权利,以及数据保护原则的要求,特别是公平原则。在合同关系中,可能有各种各样的处理目的,首先要确定处理的目的,必须根据控制者的目的进行限制和规定透明度义务,明确这些目的并将其传达给数据主体。如果有现实的、干扰较少的替代方案,处理就不是"必要的"。第6条第(1)款(b)项不包括在执行合同服务或在数据主体的要求下采取相关的合同前,进行有用但不客观必要的处理。

在评估第6条第(1)款(b)项是否为在线合同服务的适当法律基础时,应考虑服务的特定目的或目标。控制者应该证明如果没有发生有关个人数据的特定处理,与数据主体的特定合同的主要对象就不能执行。这里的重要问题是,个人数据和相关处理操作与根据合同提供的服务的履行或不履行之间的关系,控制者应能够通过参考基本和相互理解的合同目的来证明其处理的必要性。这不仅取决于控制者的主观看法，还取决于数据主体在订立合同时的看法，以及合同是否仍然可以被认为是"执行"而没有相关处理。虽然控制者可能认为处理对于合同目的是必要的，但更重要的是他们要仔细了解数据主体的看法，以确保在合同目的上有真正的相互理解。

此外，该指南还阐释了适用第 6 条第（1）款（b）项的四种特殊情况，包括在"服务改进"时的处理、在"防止欺诈"时的处理、在线行为广告处理，以及对于个性化内容的处理。

（三）《数据控制者和处理者的指南》

2020 年 9 月，欧洲数据保护委员会通过了《数据控制者和处理者的指南》。该指南进一步解释了 GDPR 中数据控制者、联合数据控制者和数据处理者的概念以及前述不同主体之间的关系。

1. 控制者

原则上，对于可能承担控制者角色的实体类型没有限制，但在实践中，控制者通常是组织本身，而不是组织内的个人。

数据控制者是数据处理过程中决定某些关键要素的主体。控制权可以由法律规定，也可以源于对事实因素或情况的分析。某些特定的处理活动可以被视为自然地与实体的角色相关联（雇主对雇员、发布者对订阅者、社团对其成员）。在许多情况下，合同条款可以帮助确定控制者，但并非在所有情况下都是决定性的。

控制者决定数据处理的目的和方式，即为什么和如何处理数据。但是，一些更实际方面的执行（"非核心方式"）会留给数据处理者。控制者实际上不必访问正在处理的数据就有资格成为控制者。

2. 共同数据控制者

在数据处理涉及多个参与者的情况下，可能会构成共同数据控制者。GDPR 为共同数据控制者引入了特定的规则，并设定了一个框架来管理他们之间的关系。确定存在共同控制权的总体标准是，两个或多个实体共同参与决定数据处理的目的和方式。共同参与可以采取两个或多个实体共同决策的形式;也可以是两个或多个实体的决策合并产生结果,其中决策是相互补充的,并且对进行处理具有必要的意义,即对决定处理目的和方式有切实影响。此外,还需要满足在没有双方参与的情况下,就不可能进行处理的情况,因为这种情况下双方的处理是不可分割的。共同参与一方需要决定目的,另一方需要决定方式。

3. 数据处理者

数据处理者是代表数据控制者处理个人数据的自然人或法人、公共当局、机构或其他实体。成为数据处理者的基本条件是:相对于控制者而言,它是一个单独的实体,并且它代表控制者来处理个人数据。

除非按照控制者的指示,处理者不得处理数据,控制者的指示往往会留有一定程度的自由裁量权,从而使处理者可以选择最合适的技术和组织方式。但是,如果处理者超出了控制者的指示并开始决定其自身的处理目的和方式,就会违反 GDPR。同时,就该处理活动而言,处理者将被视为控制者,并且可能会因超出控制者指令范围而受到制裁。

三、小结

为了更好地进行数据保护,欧盟设立了独立的数据保护专员公署——EDPS,它是欧洲数据保护委员会的常设秘书处,属于欧盟施行 GDPR 的职能机构。EDPS 在 GDPR 的执行层面担任着重要的任务,主要负责监督并联系欧盟所有可能涉及个人数据收集处理的机构乃至团体,以确保欧盟相关机构及团体在处理个人数据时达到相应的数据保护标准。

EDPS 还拥有警告、命令、对特定数据处理实施禁令,甚至对欧盟机构征收罚款以及将案件提交欧盟法院的实际权力。此外,EDPS 还发布了许多关于扩大欧盟内部执法目的信息共享计划的意见,以及一定年份跨度的数据保护战略报告。

不同于 EDPS 的具体职责,欧洲数据保护委员会的职责范围较为宏观,偏向于指导,其最重要的功能之一就是发布各种关于如何适用 GDPR 的官方文件,以指导实践中机构、企业或个人的行为。欧洲数据保护委员会的前身是专门从事数据保护工作的第 29 条工作小组。

在《关于 GDPR 适用地域范围(第 3 条)的解释指南》中,欧洲数据保护委员会谨慎地解释着"经营场所"标准和"目标指向"标准这两种域外管辖权的合理边界,一方面尽可能全面地保护欧盟市场和欧盟公民,另一方面也尽可能地避免对管辖权作过于宽泛的解释而带来的跨境执法的冲突和落地难题。《关于 GDPR 第 6 条第(1)款(b)项处理个人数据的解释指南》则重点解释了处理的合法性要素、何为处理的必要性以及规制数据控制者的义务。《数据控制者和处理者的指南》重点阐释了 GDPR 中控制者、处理者及相关主体间的关系,对 GDPR 的实践起到了重要的作用。

第三节 欧盟个人数据与非个人数据保护规则

一、欧盟制定个人数据保护规则的法律基础

(一)国际层面

服务贸易自由是现代国际贸易体系下各国达成的共识,其中也包括数据的自由流动。但是《服务贸易总协定》(GATS)第 XIV 条第(c)款第(ii)项规定的隐私例外则为欧盟制定限制个人数据流动的规则提供了依据,这也从国际层面解释了欧盟缘何能够限制国际数字贸易中个人数据的流动。该条规定,如果成员方是为了在处理和传播个人数据时保护个人隐私、保护个人记录和账户的机密性,则可以制定限制服务贸易自由的规则。

第五章
欧盟数字贸易规则的发展

（二）欧盟层面

在欧盟层面，制定个人数据保护规则的法律基础在于一种共识，即"数据权利是一项基本权利"，这项权利被规定在 2016 年的《欧盟数字基本权利宪章》里。该宪章第 7 条关于"隐私、保密和数据保护"的条文，其中规定了 8 款相应的保护，包括：（1）每个人都有权保护自己的数据和隐私；（2）只有在有法律依据的情况下，才能真诚和具体地收集和处理个人数据，数据的处理必须是安全、公平、透明的，并使用最先进的技术；（3）必须保障个人删除数据、更正数据、反对的权利以及查阅数据和个人信息的权利；（4）每个人都有权利产生新的数据，但这一权利受到公众合法知情权的限制；（5）每个人都有权享受不受监视的家庭生活；（6）每个人都有权采取适当措施保护自己的数据和通信免受第三方访问；（7）没有不正当和未经授权的监视行为；（8）应由独立机构监测法规的遵守情况。此外，关于数据保护的法律法规也是以 2007 年《欧盟基本权利宪章》所载的基本权利为基础的，该基本权利是欧盟法律制度的核心组成部分。

二、《一般数据保护条例》（GDPR）

（一）GDPR 的发展历程

欧洲数据保护专员公署（EDPS）官方网站列出了 GDPR 从 1995 年至 2018 年的发展历程：

1995 年 10 月 24 日，涉及个人数据处理和此类数据自由流动的个人保护的欧盟数据保护指令（Directive 95/46/EC）出台。

2011 年 6 月 22 日，欧盟 EDPS 对欧盟委员会的相关通讯工作发表了意见（opinion），发布了"欧盟个人数据保护的综合方法"。

2012 年 1 月 25 日，欧盟委员会提议全面修改欧盟 1995 年的数据保护规则，以加强在线隐私权利保护并促进欧洲数字经济的发展。

2012 年 3 月 7 日，EDPS 正式通过了关于欧盟委员会数据保护改革方案的意见。

2012年3月23日，第29条工作小组正式通过了关于数据保护改革提议的意见。

2012年10月5日，第29条工作小组就数据保护改革讨论提供了进一步的意见。

2014年3月12日，欧洲议会在全体会议上以621票赞成，10票反对，22票弃权表明了对GDPR的强烈支持。

2015年6月15日，欧盟理事会就GDPR达成一般方针。

2015年7月27日，EDPS向欧洲立法者提出以起草建议的形式进行GDPR最终文本的谈判；该机构还推出了一个移动应用程序，将委员会的提案与议会和理事会的最新文本进行比较。

2015年12月15日，欧盟议会、理事会以及委员会就GDPR达成统一协议。

2016年2月2日，第29条工作小组发布了实施GDPR的行动计划。

2016年4月2日，欧盟通过了GDPR，它被视为是欧盟近年来取得的最大成就之一，取代了1995年互联网发展初期通过的《数据保护指令》(DPD)。

2017年1月10日，欧盟委员会提出了两项关于隐私和电子通信以及适用于欧盟机构的数据保护规则的新规定。

2018年5月6日，从这一天起，成员国必须将关于警察和司法部门的数据保护指令转换为国家立法。

2018年5月22日，提出关于欧盟机构中保护个人数据的规定的提案。

2018年5月25日，该条例正式施行。

欧盟在20世纪90年代通过DPD，这种以"指令"形式的立法并无不妥。因为当时欧盟范围内并无统一的法令，"指令"可谓对成员国数据保护立法的初步协调，其最低限度协调的立法技术有助于

第五章
欧盟数字贸易规则的发展

在欧盟层面确立最低标准，由此实现成员国数据保护法的平等保护水平。但是，指令的最低限度协调技术会引发成员国碎片化立法的负效应，成员国基于指令建立的个人数据保护制度会各有不同，指令中的"利益平衡条款"的解释也取决于各国数据保护本身的价值取向，法律和实务之间的巨大差距很难形成欧盟数据保护的统一标准，其至可能阻碍欧盟的经济活动，引发不当竞争。为了促进一体化的数据规制保护，2016年欧盟通过了GDPR取代了DPD。该条例使得欧洲各国无需再各自制定不同的国内法。

作为一部典型的数据保护法，GDPR诞生于欧盟数字单一市场形成的关键时刻，具有明显的功能主义的立法特征，也体现了数据问题的复杂本质——保护多样法益。这包括数据主体对数据的支配权，数据控制者、处理者对数据的使用权和收益权，也涉及国家的数据主权。[1]

（二）GDPR的主要变化

有学者总结了GDPR带来的10个方面的主要变化：[2]

（1）适用范围极大扩展。对于成立地在欧盟的机构来说，法律的适用范围并没有发生大的变化，但强调了无论数据处理的活动是否发生在欧盟境内，都统一遵循条例。对于成立地在欧盟外的机构来说，则适用属人原则。只要在提供产品或者服务的过程中（不论是否收费）处理了欧盟境内个体的个人数据，都同样适用GDPR。此类情形还包括对欧盟境内个人活动的监控行为，这种市场地原则是GDPR的一项重大创新。

（2）统一的法律规则之下仍有一些例外。这些例外体现在赋予了成员国的一些弹性自由，包括有关儿童个人数据的年龄问题（第8条）、除行政罚款外规定的其他处罚类型的问题（第84条）、设立互

---

[1] 金晶：《欧盟〈一般数据保护条例〉：演进、要点与疑义》，载《欧洲研究》2018年第4期。

[2] 王融：《〈欧盟数据保护通用条例〉详解》，载《大数据》2016年第4期。

联网直接公开发行的其他情形（第 37 条）、基因生物识别以及健康数据保护问题（第 9 条）、雇佣领域数据保护问题（第 88 条）。

（3）对于向欧盟不同国家提供业务的企业或者在不同国家都有设立地的企业来说，GDPR 会极大减轻合规成本。企业不再需要与多个不同成员国的数据监管机构打交道。根据新的一站式监管机制（one stop shop），企业主成立地所在国家的监管机构将作为主导监管机构（lead supervisory authority），对企业的所有数据活动负监管权力，其效力辐射全欧。

（4）处理数据须有合法理由。包括数据主体的同意、履行合同需要、履行法定义务的需要以及数据控制者的合法利益等。

（5）坚实强大的数据主体权利。包括知情权（第 12—13 条）、访问权（第 15 条）、反对权（第 21 条）、数据可携权（第 20 条）、被遗忘权（第 17 条）。

（6）对数据控制者的严格问责。GDPR 大大简化了企业日常的合规负担，特别是废除了目前各成员国关于数据处理及境外转移的许可或者备案程序。但是，取而代之的是要求企业在内部建立完善的问责机制，以实现 GDPR 规定的真正落地。

（7）对数据处理者的严格问责。DPD 主要适用于数据控制者。数据处理者主要通过合同的方式承担数据保护责任。然而，GDPR 对于数据控制者、数据处理者在大多数情况下提出了相同的要求。例如，数据处理者也承担对数据的安全保障义务；又如，在管理措施、技术上采取必要的措施，包括在发生数据泄露事故时及时报告数据控制者等。此外，GDPR 还细致规定了数据控制者和数据处理者之间的合同应当包含的内容，例如数据处理的目的、期限、个人数据的类型、数据主体的类别以及双方的权利义务。

（8）完善跨境数据流动机制。关于跨境数据流动的限制是在 DPD 中提出的，欧盟公民的个人数据仅能转移到与欧盟同等保护水平的国家。在实践中，部分成员国针对跨境数据流动增加了事前的备案或者许可要求。GDPR 明确禁止了这种增设许可的做法，只要符合 GDPR 中跨境数据流动的条件，则成员国不得再予以限制。在此基础上，GDPR 还进一步完善了数据转移合法机制（第 45 条、第 47 条、第 63 条、第 46 条）。

（9）对"数据画像"（profiling）活动的特别规制。GDPR 界定的"数据画像"的概念外延广泛，它是指：任何通过自动化方式处理个人数据的活动，该活动服务于评估个人的特定方面，或者专门分析及预测个人的特定方面，包括工作表现、经济状况、位置、健康状况、个人偏好、可信赖度或者行为表现等。画像活动如果对用户个人产生法律上的影响或者其他重大影响，仅仅在符合以下条件之一时才是合法的：第一，数据主体明确同意；第二，欧盟或者成员国法明确授权；第三，为数据主体和数据控制者之间签订、执行合同所必需（第 22 条）。

（10）监管权力、处罚与司法救济。GDPR 增强了监管机构的执法权，包括：通知数据控制者、处理者相关违法行为；要求违法者提供相关信息，或者向监管机构提供访问此类信息的接口；现场调查、审计；命令修改、删除或者销毁个人数据；可以采取临时性的或者限定性的数据处理禁令；科以罚金。在司法救济上，对于不服监管机构作出的决定或者针对监管机构的不作为，当事主体可寻求司法救济，该权利也可以由消费者机构代表数据主体行使。

三、与 DPD 及 GDPR 相配套的电子通信行业立法

2002 年，欧盟通过《电子隐私指令》，作为 DPD 的特别法，并于 2009 年进行了修订，即《电子隐私指令》，一直沿用至今。在该修订版本中，要求网站经营者必须获得用户的知情同意，才能通过网站"cookie"或用于存储信息的类似技术收集用户的个人数据。

时至今日，网络即时通信服务的兴起，使得消费者和企业越来越依赖于网络服务进行通信和交流，WhatsApp、Facebook

Messenger、Skype、Gmail、iMessage 以及 Viber 等即时通信服务已经逐渐成了主流的通讯方式。尽管网络即时通信等 OTT 服务①发展迅猛,但是它们却不受《电子隐私指令》的监管。

为了缓解这种现状,2017 年 1 月 10 日,欧盟委员会宣布提议更严格的电子通信隐私监管法案《隐私与电子通信条例》(Regulation on Privacy and Electronic Communications),加强对电子通信数据(内容及元数据)的保护,同时创造新的商业机会。该条例作为 GDPR 的特别法,意欲取代《电子隐私指令》,旨在规制电子通信服务并保护与用户终端设备相关的信息。一改此前的通信隐私规则只约束传统电信服务商的局面。该条例将即时通信、基于网络协议的语音传输(VoIP)等 OTT 服务商纳入与传统电信服务商一样的隐私监管框架,对电子通信数据的保护不仅包括通信内容本身,而且包括时间、地点、来源等标记通信内容的元数据,并且在地域上可以约束欧盟境外的互联网企业。②

《隐私与电子通信条例(草案)》共 7 章,27 条。主要包括以下内容:(1)总则,包括适用范围和对相关概念的定义;(2)主要的关键条款,包括如何保证电子通信的秘密性和处理电子通信数据的条件与目的;(3)终端用户可以通过控制电子通信信息的发送和接收来保护个人的隐私安全;(4)该法案的监管部门与实施部门;(5)终端用户可以采取的多种救济措施,以及违反该条例将要承担的责任和将会受到的惩罚;(6)相应的委托行为和实施行为;(7)最终条款,包括废除《电子隐私指令》以及新的法律如何通过、何时生效等问题。

该草案的主要变化点有:(1)要求明确的积极的行为来同意"cookies"网站;(2)鼓励将获得同意使用"cookies"的负担转移到

---

① 指互联网公司越过运营商,发展基于开放互联网的各种视频及数据服务业务。
② 曹建峰、李金磊:《欧盟〈隐私与电子通信条例〉草案评述》,载《信息安全与通信保密》2017 年第 4 期。

网站浏览器上；（3）确保符合目标市场的同意将会更难取得并且必须满足条例所规定的标准，但是也有例外，例如在现有关系与类似产品和服务正在得到豁免的情况下，很可能会保留这种豁免。①

四、欧盟机构处理个人数据的保护责任

（一）第 45/2001 号规章

2000 年 12 月 18 日，欧洲议会和欧盟理事会通过《关于与欧共体和组织的个人数据处理相关的个人保护以及关于此种数据自由流动的规章》（简称"第 45/2001 号规章"）。

该规章包括以下内容：（1）总则，欧共体的机构或组织，应当保护自然人的基本权利和自由，尤其是应当保护他们与个人数据处理有关的隐私权，不应当限制或禁止个人数据在他们之间的自由流动；（2）关于个人数据处理合法性的一般性规则，分为数据质量原则、合法处理数据的标准、数据处理的特殊分类、应向数据主体提供的信息、数据主体的权利、豁免与限制、数据处理的机密性与安全性、数据保护员；（3）救济措施；（4）欧共体内电信网络环境下的个人数据和隐私保护；（5）设立独立的监督机构，即欧洲数据保护监督员；（6）最后条款。

该规章目前已被废除。

（二）第 2018/1725 号条例

由于第 45/2001 号条例的内容仅适用于欧盟机构所实施的限于欧盟法律范围内对个人数据的处理行为，对于超出欧盟法律范畴的行为尚未规定，②且制定时间较为久远，无法与 GDPR 的相关内容融合，因此 2018 年 11 月 21 日，欧洲议会和欧盟理事会正式发布了

---

① Alan Charles Raul, The Privacy, Data Protection and Cybersecurity Law Review, *The Law Reviews*, 2017.
② 吴沈括、霍文新：《欧洲议会和理事会关于欧盟机构个人数据处理第 2018/1725 号条例分析》，载《信息安全与通信保密》2019 年第 4 期。

《关于在欧盟机构、机关、办公室和办事处处理个人数据方面对自然人的保护以及这些数据的自由流动,并废除(EC)第 45/2001 号规章和(EC)第 1247/2002 号决定的条例》(简称"第 2018/1725 号条例")。该条例在 GDPR 的基础上,对欧盟等机构针对自然人个人数据的处理问题进行了重点关注,力求实现更为准确的、具有针对性的法律规制。

第 2018/1725 号条例共分为 12 章,就涉及个人数据处理的欧盟机构职能等问题,提出了个人数据处理的基本原则,明确了数据主体的权利范围,同时对数据主要监管机关的职能和义务等做出了详细规定,在救济、责任和处罚环节尽可能保护数据主体的权利,在以惩罚性措施强制个人数据的处理环节保持谨慎。

五、非个人数据保护

(一)《非个人数据自由流动条例》概述

在针对个人数据保护的 GDPR 生效并实施后,2018 年 10 月 4 日,即在欧盟议会、理事会、委员会三方于 6 月 19 日就在欧盟全境废除数据本地化限制达成政治协议之后,欧盟议会审议通过了《非个人数据自由流动条例》。随后,该条例将被公布在欧盟公报上,并于公布之日起 6 个月后生效实施。

就与 GDPR 的关系而言,该条例与 GDPR 不会重复,而是互为补充;当数据集中既有个人数据,又有非个人数据时,倘若两者可分则分别适用该条例和 GDPR,倘若不可分则适用 GDPR。[1]

非个人数据流动的总体目标在《非个人数据自由流动条例》中得以体现,它提出了亟待解决的问题:(1)改善单一市场跨境的非个人数据的流动性;(2)确保主管当局为监管控制目的要求和接收

---

[1] 曹建峰:《欧盟如何为繁荣数字经济打造统一的数据法律规则?》,https://mp.weixin.qq.com/s?_biz=MjM5OTE0ODA2MQ%3D%3D&idx=1&mid=2650882791&sn=a41a1c1fcec6fc974dd92cc58fcf274,2021 年 3 月 28 日访问。

第五章
欧盟数字贸易规则的发展

数据的权力不受影响;(3)使数据存储或其他处理服务的专业用户更容易切换服务提供商和端口数据,同时避免为服务提供商带来过度负担以及扭曲市场。该条例力求数据存储及其处理行为可以在广义上被使用的同时,追求与现有政策领域的相关规定保持一致,与其他欧盟政策保持一致。明确并确保在欧盟成员国实施数据自由流动的过程中,促进数字经济发展关键因素的确定性及完备性,同时在数据和云服务的安全性方面取得进展。这些问题的解决将有助于优化和完善数据的跨境传输,以及数据的跨存储器存储,甚至可以使数据在云服务器 CSP 和 IT 系统内部进行稍显自如的移动。[①]

(二)《非个人数据自由流动条例》的核心内容

该条例的核心内容主要包括与数据本地化要求有关的规则、向主管部门提供数据的可用性以及专业用户的数据迁移等相关问题。《非个人数据自由流动条例》第 4 条、第 5 条、第 6 条分别规定了"欧盟内数据自由流动""有权机关获取数据"以及"数据迁移"的问题。

第 4 条规定,原则上禁止欧盟内部的数据本地化要求,除非根据比例原则以公共安全为正当事由。

第 5 条规定,不影响有权机关根据欧盟法或国家法履行其职责要求或获取数据访问的权力。有权机关对数据的访问不得以数据在另一成员国处理为由受到拒绝。如果协助要求需要被请求机关进入自然人或法人的任何处所,包括数据处理设备和装置,则此类访问必须符合欧盟法或国家程序法。而在用户滥用权利的情况下,成员国可以基于获取数据的紧迫性以及相关各方的利益考量对该用户采取严格符合比例要求的临时措施。如果临时措施要求重置数据处所超过 180 天,该措施应当在此 180 天期限内向欧盟委员会做出通报。欧盟委员会应在最短的时间内审查该措施及其与欧盟法的兼容性,

---

[①] 吴沈括:《欧盟〈非个人数据自由流动条例〉研判》,载《网信军民融合》2018 年第 10 期。

并在适当时候采取必要措施。

第 6 条规定，欧盟委员会应鼓励和促进欧盟层面自律性行为守则的制定，助益建设具有竞争力的数据经济，这种行为守则以透明性和交互性原则为基础，合理考虑开放标准，涵盖如下方面：（1）最佳实践，以便利服务提供者切换和以结构化的、常用的且机器可读的格式迁移数据。（2）最低信息要求，以确保专业用户在签订数据处理合同之前能获得足够详细的、清晰的和透明的信息，主要涉及流程、技术要求、时间区间以及专业用户切换服务提供者或者迁移数据回自有信息系统时的收费。（3）认证体制方法，这可以帮助专业用户比较数据处理产品和服务，考察产品和服务是否符合现行国家或国际规范。这些方法可以包括质量管理、信息安全管理、业务连续性管理和环境管理。（4）通讯路线图，即采用多学科方法以提高各利益攸关方对行为守则的认知。

六、小结

个人数据保护是欧盟单一数字市场战略的最重要的内容，制定的诸如 GDPR 的规则更是处于该领域的世界前列。个人数据保护可能会涉及各种利益冲突和利益平衡，因此在欧盟制定个人数据保护规则的法律基础上，国际层面和欧盟层面都有相应的法律依据，在国际层面上是指 GATS 第 XIV 条（c）款（ii）项规定的隐私例外，在欧盟层面上是指 2007 年《欧盟基本权利宪章》和 2016 年《欧盟数字基本权利宪章》，数据权利在其中都被规定为一种基本权利。

在明确规则依据后，欧盟出台的 GDPR 受到了全世界的瞩目。GDPR 由 DPD 发展而来，比 DPD 更能适应最新的社会科技变化。相较而言，变化主要体现在：第一，适用范围极大扩展，兼适用属地因素和属人因素，这也是 GDPR 能在全球引起极大震动的核心原因之一。第二，统一适用于各成员国的原则之下也有一些例外，比如儿童个人数据中儿童的年龄、其他行政处罚类型、雇佣领域的数据保护等,成员国可以自主规定。第三,一站式监管极大减轻了向欧盟不同国家提供业务的企业或者在不同国家都有设立地的企业的合规成本。第四,处理个人数据必须要有合法理由,并加重了数据控制者的责任。第五,数据主体的权利更加具体并且强大,数据可携权和被遗忘权意义重大。第六,加大了数据控制者和数据处理者的责任,要求企业内部建立完善的问责机制。第七,在跨境数据流动机制上有所完善。第八,对"数据画像"活动进行了特别的规制。第九,在监管权力、处罚和司法救济方面规定得更加细致。

同时,欧盟为了更好地在各领域落实GDPR的实践,还制定了相配套的电子通信行业立法。随着DPD到GDPR的变化,电子通信行业的立法也由《电子隐私指令》向《隐私与电子通信条例》过渡,以加强对电子通信数据(内容及元数据)的保护,同时创造新的商业机会。

此外,针对处理个人数据的主体是欧盟机构或其组织,欧盟还曾出台过《关于与欧共体和组织的个人数据处理相关的个人保护以及关于此种数据自由流动的规章》。

之后,欧盟又出台了《非个人数据自由流动条例》,旨在规制包括机器生产和商业销售产生的数据在内的数据的流动。该条例十分简短,只有短短的9条内容,主要规定了有关数据本地化、权力机关获取数据以及数据迁移的问题,属于比较原则性的规定,并赋予了成员国较大的立法斟酌自由。

欧盟对非个人数据自由流动规则的协调,不仅是出于法律确定性和数据公平竞争环境的需要,还因为市场参与者遵循统一规则是数字单一市场运作的关键因素,规则的统一对于贸易障碍和竞争扭曲有控制和预防作用。此外,欧盟对数据流动规则的干预将有助于欧盟培育更为安全的数据存储空间。

第四节 欧盟电子商务规则

一、电子商务立法概述

(一) 欧盟《电子商务指令》

欧洲议会于1999年12月13日通过的《电子签字指令》和2000年5月4日通过的《电子商务指令》构成了欧盟电子商务立法的基础。尤其是《电子商务指令》更是全面规范了关于开放电子商务的市场、电子交易、电子商务服务提供者的责任等关键问题。欧盟成员国被要求应在2002年1月17日之前,将《电子商务指令》制订成为本国法律。时至今日,《电子商务指令》依然是欧盟电子商务领域最重要的立法之一。

《电子商务指令》为包括内部市场电子商务在内的在线服务建立了基本法律框架。该指令的目的是消除欧盟跨境在线服务的障碍,为企业和公民跨境在线交易提供法律确定性。该指令建立了电子商务的内部市场架构并就网上服务提供者的透明度及资讯要求、商业通讯、电子合约及中介服务提供者的责任限制等事宜制定了协调一致的规则。它还加强了成员国之间的行政合作和自我监管的作用。

《电子商务指令》的文本共计24条,分为4章,具体包括:一般规定(第1章,第1—3条,涉及适用范围、基本定义和内部市场等)、基本原则(第2章,第4—15条,涉及前置审批排除原则、信息披露、商业通信、电子合同、中间服务提供者责任和一般监测义务排除等)、实施规定(第3章,第16—20条,涉及行为准则、庭外争端解决、法庭诉讼、跨国合作和惩罚等)以及最终规定(第4章,第21—24条,涉及再评估和贯彻等)。

1. 关于指令的适用范围

首先,该指令的适用范围并不局限于狭义的电子商务,而是具有相当的一般性,包括所有提供"信息社会服务"(Information Society Services,例如搜索引擎、在线销售产品或者服务等)的情形。

作为其规范体系的核心,构成"信息社会服务"必须同时具备四项条件:(1)一般属于有偿服务;(2)远距离提供;(3)通过电子手段;(4)应接受服务方的个别要求而提供。此外,指令明确规定其不适用于以下事务:(1)税收事宜;(2)数据保护;(3)博彩活动。

2. 关于基本的监管要求

首先,该指令第 3 条明确规定,在欧盟法协调领域内,各成员国不应当限制成员国之间跨国提供"信息社会服务"的业务自由(即信息社会服务自由流动原则)。当然,这一原则要求不涉及知识产权、消费者合同以及当事方选择适用法自由等事项。

同时,《电子商务指令》在实体层面设计了信息社会服务自由流动原则适用例外必须满足的前提条件:(1)出于公共政策、公共卫生防护、公共安全或者消费者保护目的而采取必要的限制措施;(2)该措施应当符合比例性要求(proportionality)。

此外,该指令在程序层面设计了信息社会服务自由流动原则适用例外必须履行的强制报告义务(notification obligation),据此如果成员国意图引入限制性措施,必须及时向欧盟委员会做出报告,由后者评判所涉措施与欧盟法的兼容性。

最后,需要指出的是,该指令第 4 条特别强调,各成员国不得针对信息社会服务提供者(Information Society Service Provider)设定前置批准(Prior Authorisation)程序,也不得采取具有同等效果的其他类似措施。

3. 在线中间服务者责任

《电子商务指令》规范体系指向的核心对象是在线中间服务者(Online Intermediaries),其重点在于试图协调各国规定信息社会服务提供者就第三方非法内容（包括知识产权侵权、诽谤或者误导性广告等信息）免责的条件。申言之，该指令的最大特点在于它并非正向规定应当"归责"的情形，而是反向规定应当"免责"的条件，这一免责范围既包括民事责任也包括刑事责任。

在这一反向逻辑下，该指令并未把免责待遇扩大至全部互联网中间服务者（包括互联网支付系统、互联网接入与服务提供者、参与式网络平台、电子商务中间服务者、互联网搜索引擎与门户以及网页主机服务提供者等），而是仅限于其中三类在线中间服务者："纯管道"服务提供者（Mere Conduit）、缓存服务提供者（Caching）和主机服务提供者（Hosting）。①

（二）《数字服务法》和《数字市场法》

2020年12月15日，欧盟委员会提出了两项立法草案，即《数字服务法》（Digital Services Act，DSA）草案与《数字市场法》（Digital Markets Act，DMA）草案，用以规制在数字服务领域的发展中出现的新问题。2022年7月18日，欧洲理事会批准通过了DMA。该法案确保了一个数字公平竞争的环境，为大型网络平台（"守门人"）制定了明确的权利和规则，并确保没有任何一个平台可以滥用其优势地位，中小公司和消费者都能够从数字机会中受益。预计欧洲理事会也将在2022年9月份批准通过DSA。

DSA和DMA包含一套适用于整个欧盟的新规则，它们以欧洲价值观为中心，意图创造一个更安全、更开放的数字空间。两部草案有两大主要目标：一是创建一个更安全的数字空间，在其中保护数字服务所有用户的基本权利；二是在欧洲单一市场和全球范围内建立一个公平的竞争环境，以促进创新、发展和市场竞争力。②

---

① 吴沈括：《欧盟电子商务的立法与实践》，http://www.sh-ec.org.cn/a/xingyedongtai/redianjujiao/2017/1101/3757.html，2021年3月29日访问。

② The Digital Services Act package, https://ec.europa.eu/digital-single-market/en/digital-services-act-package, 2021年4月12日访问。

DSA适用于四类在线中介服务：（1）提供网络基础结构的中介服务，如互联网接入服务、域名注册服务等；（2）托管服务，例如云处理、存储和虚拟主机服务等；（3）为买卖双方建立沟通渠道的在线平台，如在线市场、应用商店、社交媒体平台；（4）在传播非法内容和社会危害方面具有特殊风险的超大型在线平台。

不同于适用于所有在线中介服务的DSA，DMA仅适用于被称为单一数字市场"守门人"的大型平台行为。符合以下标准之一的平台会被认定为是"守门人"：（1）具有强大的经济地位，对内部市场有重大影响，并且在多个欧盟国家都很活跃；（2）具有很强的中介地位，这意味着它将大量的用户群链接到大量的企业；（3）在市场上拥有（或将要拥有）牢固和持久的地位，这意味着随着时间的推移它将保持稳定。[①]

电子商务是数字单一市场战略的基石之一，欧盟已采取多项措施，使欧洲消费者在欧盟各地更容易、更安全地进行网上购物。为充分发挥电子商务的潜力，欧盟发布了一系列新规：

（1）修订后的《支付服务指令》以及有关跨境邮寄服务的新规则已经生效。

（2）防止不合理地进行地理歧视（geoblocking）的新规则已于2018年12月3日生效。

（3）修订后的消费者保护规则已于2020年生效。

（4）针对网上销售商品和服务的新增值税规定于2021年生效。[②]

二、电子商务中对消费者的保护

在电子商务领域，欧盟十分重视对消费者权利的保护。2018年

[①] The Digital Markets Act: Ensuring Fair and Open Digital Markets, https://ec.europa.eu/info/strategy/priorities-2019-2024/europe-fit-digital-age/digital-markets-act-ensuring-fair-and-open-digital-markets_en, 2021年4月12日访问。

[②] E-Commerce Rules in the EU, https://ec.europa.eu/digital-single-market/en/new-eu-rules-e-commerce, 2021年4月12日访问。

4月，欧盟委员会还为消费者提出了一项新的协议，进一步加强了消费者在网上的权利，新的协议包括：

网络销售市场必须告知消费者，他们是从交易商处还是从个人手中购买商品，这样在出现问题时消费者才能意识到自己的权利；当消费者在线搜索时，如果搜索结果是由交易商支付过款项的，则消费者会被清楚地告知；网络销售市场必须告知消费者网页上决定结果排名的主要参数；当消费者为数字服务付费时，将获得特定的信息权，他可以选择在14天内解除合同。①

对消费者来说，网上购物既快捷又便宜。但是，当问题出现时，消费者往往意识不到自身权利。为了更好地保护消费者权益，针对电子合同，欧盟委员会于2015年提出了两项重要的提议草案。一项提案涉及数字内容（如下载媒体音乐）提供的合同规则，②另一项提案涉及商品在线销售（如在线购买相机）的合同规则。③

在这两项提案中，数字内容是指视频、音乐、软件或体育直播等产品，在线购买这些产品可能出现的问题包括下载音乐无法在设备上进行播放或者购买的软件突然间停止工作等。在网上销售商品方面，欧盟国家之间也存在法律差异，这使得企业和消费者无法跨境销售和购买商品，这些差异包括当商品有缺陷时消费者享有的权利。因此，企业在进行跨境销售时，必须花时间和金钱去了解外国消费者的合同法，并据此调整合同。许多消费者在网上购物时最担心的是合同权利，比如如何处理没有收到的订单，如何解决买到错误的或损坏的产品，或者如何修理或更换有缺陷的产品。目前这两

---

① E-Commerce In the EU: How You Can Make the Most out of It as a Consumer, https://ec.europa.eu/digital-single-market/en/news/e-commerce-eu-how-you-can-make-most-out-it-consumer, 2021年4月12日访问。

② Directive of The European Parliament and of The Council on Certain Aspects Concerning Contracts for the Supply of Digital Content.

③ Directive of The European Parliament and of The Council on Certain Aspects Concerning Contracts for the Online and Other Distance Sales of Goods.

项提案仍在协商中。①

三、欧盟消费者争议解决条例

为增强消费者对欧盟范围内电子商务市场的信心并保证消费者能够从中获益,确立欧盟范围内跨境及各成员国境内电子商务争议解决机制和程序规则,并进而简易、高效、低成本地解决经营者与消费者之间的争议,欧盟议会和欧盟委员会于2013年5月21日颁布了《消费者替代性争议解决指令》和《消费者在线争议解决条例》。

(一)《消费者替代性争议解决指令》

《消费者替代性争议解决指令》旨在促使成员国设立消费者保护领域内的诉讼外纠纷解决机制,并为成员国规定最低限度的立法要求。该指令通过诸如允许调解书执行纳入民事诉讼程序,调解申请中断诉讼时效等制度,以及快捷的(3个月)的调解时限的方式,提高诉讼外纠纷解决机制对消费者争议的吸引力。替代性纠纷解决机制不仅适用于成员国境内的消费争议,同样也适用于跨境消费争议;不仅适用于传统实体消费,也适用于网络消费。成员国应当在两年内将该条例转化成国内法。

(二)《消费者在线争议解决条例》

《消费者在线争议解决条例》规定,由欧盟委员会指导建立消费者纠纷调解网络平台,以支持上述消费纠纷替代性解决机制指令的实施。消费者因网络购物产生的消费纠纷可以通过在线调解机构调解解决。调节机构通常为法律保护保险公司或其他第三方机构。

《消费者在线争议解决条例》包括序言和正文。正文一共3章22条:第一章"总则"(第1—4条)主要规定了该条例的调整对象、

---

① Digital Contract Rules,https://ec.europa.eu/info/business-economy-euro/doing-business-eu/contract-rules/digital-contracts/digital-contract-rules_en#documents,2021年4月12日访问。

适用范围、与欧盟其他法律文件的关系和相关定义；第二章"在线争议解决平台"（第5—15条）是该条例的主体与核心，主要关于在线争议解决平台的建立和测试，在线争议解决联络处的网络，投诉的提交、传递与处理，争议的解决，数据库，对个人数据的处理，数据保密与安全，消费者的信息和主管机关的作用等事项；第三章"最后条款"（第16—22条）则规定了委员会程序、授权的行使、惩罚、对相关条例和指令的修订、报告和生效等问题。[①]

《消费者在线争议解决条例》对在线争议解决平台的设立以及在线争议解决机制的运行作出了详细规定，根据该条例第5条的规定，在线争议解决平台具有以下五种功能：

（1）筛选机构，即在线争议解决平台对替代性争议解决机构设定了最低标准，从目前全欧盟超过750个替代性争议解决机构中进行筛选，通过电子注册的方式来确保《消费者替代性争议解决指令》附件所列的那些符合条件的替代性争议解决机构与在线争议解决平台相连接，并同时顾及因在线销售合同或在线服务合同引起争议的在线庭外解决的全覆盖性，从而保障了消费者权利救济的水平。

（2）传递信息，即借助信息技术的优势，使消费者能在在线争议解决平台上在线填写电子投诉表，且投诉表直接通过在线争议解决平台上传，并发送给选定的替代性争议解决机构。同时，在线争议解决平台将在争议双方之间毫不迟延地传递信息。这样既能最大程度保留争议双方自主选择替代性争议解决机构的权利，又能顺畅、高效地推进争议解决的进程。

（3）告知权责，即保障争议双方明确自身的权利义务和选择行为的法律后果，以便双方在是否选择特定替代性争议解决机构问题上做出决定。

（4）电子翻译，即向争议双方和替代性争议解决机构提供解决

[①] 邹国勇、李俊夫：《欧盟消费者在线争议解决机制的新发展——2013年〈欧盟消费者在线争议解决条例〉述评》，载《国际法研究》2015年第3期。

争议所必需的信息,以及通过在线争议解决平台交换信息。该功能应能处理所有必需的翻译,并在必要时得到人工支持。

(5)案件管理,即在线争议解决平台应提供免费的电子化案件管理工具(electronic case management tool),虽然替代性争议解决机构没有义务去使用案件管理工具,但这种案件管理功能可以使替代性争议解决机构通过在线争议解决平台与双方当事人进入争议解决程序。

此外,《消费者在线争议解决条例》的亮点之一是关于数据的规定。该条例在序言中要求,根据本规则处理信息应当严格保密并遵守欧盟关于个人信息和数据保护的立法,而且通过第11条至第14条的规定对经营者与消费者的信息和数据保护作出了详细要求。为了确保信息的统一处理,防止信息的滥用,第11条要求欧盟委员会采取必要措施建立并维持一个电子数据库,用于存储和处理本条例所要求的必要信息。第12条至第14条则对个人资料的处理、数据保密和安全以及消费者信息作了详细的规定,并要求在线争议解决平台在处理个人资料、信息过程中应当符合条例中各条款的规定,在实现数据保密和安全的过程中,应当受欧盟职业保密规则以及相关成员国国内关于保密法律规定的约束。[①]

四、小结

电子商务也是欧盟大力发展的数字市场领域之一。在秉持以保护消费者权益为最高目标的基础上,欧盟在电子商务领域的立法规制也颇丰。从宏观上看,《电子商务指令》和DSA草案以及DMA草案从整体上对电子商务作出规制。在微观的方面,欧盟对电子商务领域相对较弱的消费者给予了足够的关注,倾斜保护消费者的权益,这方面的内容在欧盟官网上可见一斑。2015年欧盟委员会更是

---

① 郑维炜、高春杰:《"一带一路"跨境电子商务在线争议解决机制研究——以欧盟〈消费者ODR条例〉的启示为中心》,载《法制与社会发展》2018年第4期。

针对电子合同提出了两项重要的提议草案，一项涉及数字内容提供的合同规则，另一项涉及商品在线销售的合同规则。

此外，在争端解决方面，欧盟在2013年相继通过了《消费者替代性争议解决指令》和《消费者在线争议解决条例》，旨在确立一个泛欧盟化的在线争议解决平台，用以解决跨境电子商务争议，从而消除跨境电子商务争议解决的障碍，为电子商务争议的解决提供必要技术支持。《消费者在线争议解决条例》适用于在欧盟境内居住的消费者针对在欧盟境内设立的商家因在线销售合同或在线服务合同提起的合同争议；如果消费者惯常居住的成员国法律规定允许替代性争议解决机构去干预和解决，则该条例亦适用于上述商家对消费者提起的争议。此外，为了给在线交易提供一个真正公平的竞争条件，该条例也适用于成员国国内的在线交易，但不适用于消费者和商家之间因线下签订的销售或服务合同所引起的争议，也不适用于商家之间的争议。

第五节 欧盟网络信息安全规则

一、《网络与信息安全指令》

2016年7月6日，欧洲议会通过了《网络与信息安全指令》，这是欧盟层面的首部网络安全法案。该指令以提升成员国网络安全保障能力及增进欧盟层面的协作为主线，并为"关键服务经营者"及"数字服务提供者"规定了采取网络安全保障措施及通报重大安全事件的义务。该指令旨在增进欧盟层面网络安全治理的整体能力，维护安全可信的网络环境，保障经济社会生活的稳定性，为欧盟数字化内部市场及数字经济的发展保驾护航。

《网络与信息安全指令》的主要内容包括：（1）对"基本服务运营商"和"数字服务提供商"提出新要求；（2）提出新的国家战略；

(3)指定国家主管当局;(4)指定计算机安全事件应对小组和合作网络。成员国必须在2018年5月之前将该指令纳入本国法律。

《网络与信息安全指令》要求欧盟成员国和欧盟层面提升网络安全能力及加强协作,并规定了经营关键基础设施的私营企业的义务,如造成重大影响的网络安全事件必须向主管机构通报等。该指令的核心内容体现在成员国、欧盟和私营企业三个层面:

(1)在成员国层面提升各国网络空间安全保障能力。鉴于成员国网络安全保障状况的差异直接影响欧洲整体的网络安防水平,为提升成员国基本保障能力,该指令规定了成员国层面的义务。第一,制定国家层面的网络与信息安全战略。各国在指令通过后的一年内须制定各自的网络安全国家战略,明确网络安全领域的战略目标以及相应的政策措施,以指导具体操作。第二,成立网络与信息安全主管机构。各国必须设立或指定(一个或多个)国内职能机构,负责落实、执行指令各项要求;与此同时,建立网络和信息系统安全领域的"单点联络机构"(single point of contact),负责成员国主管机构与其他成员国相关机构间的联络与协作,同时主管机构须将收到的安全事件通报传达给单点联络机构。第三,组建计算机安全事件应对小组,各国可将其设立在主管机构之内,负责依照固定的流程处置各类安全事件与风险。

(2)在欧盟层面增进成员国间的联动协作。该指令规定在各成员国之间设置"协同工作组"以支持和促进成员国间的合作与情报交换,提升各方的机制性信任水平;在此基础上,指令进一步要求建立"计算机安全事件响应工作组网络",从而在操作层面确保各成员国在处理网络安全事件与风险情报共享环节迅速、有效的协作,提升网络安全事件的快速响应及处置能力。

(3)在私营企业层面增设网络安全义务。该指令规定了"关键服务经营者"(operator of essential services)和"数字服务提供商"(digital service provider)两类主体的义务。对于"关键服务经营者"

即在"一国经济社会中占据重要地位"的领域如能源、运输、银行、金融市场基础设施、医疗、水务、数字化基础设施的经营者,指令规定了识别上述经营者的三项标准,并要求其确保有"与引发风险程度相当"的网络和信息系统安全,保障风险应对能力和经营持续性,并规定了根据安全风险应采取的三方面管理措施以及向主管国家机构通报安全事件的义务。根据指令,关键服务经营者必须将重大安全事件通报本国网络与信息安全相关主管机构。但该指令并未规定应当通报的重大事件的范围,而是提供了三项评估标准。"数字服务提供商"即在线市场提供商、云计算服务提供商以及搜索引擎提供商等,指令同样要求其采取三方面措施确保有"与引发风险程度相当"的网络和信息系统安全,并同样规定了重大安全事件的通报义务,同时提供了构成应当进行重大事件通报的五项评估标准。①

二、欧盟新版网络安全法

(一)欧盟新版网络安全法概述

2019年6月27日,欧盟2019年《网络安全法案》(EU Cybersecurity Act)正式施行。这是新时期欧盟网络安全治理的里程碑事件。

《网络安全法案》针对的对象主要包括欧盟机构、机关、办公室和办事处等,规制内容主要为要求上述主体在处理个人用户、组织和企业网络安全问题的过程中加强网络安全结构、增强对数字技术的掌控、确保网络安全应当遵守的法律规制,旨在促进卫生、能源、金融和运输等关键部门的经济,特别是促进内部市场的运作。

欧盟2019年《网络安全法案》全文分为三个部分:前言、正文和附则,其中正文包含3个章节共计69个条款。

---

① 范为:《欧盟〈网络与信息安全指令〉评述》,https://mp.weixin.qq.com/s?_biz=MjM5MzU0NjMwNQ%3D%3D&idx=3&mid=2650746044&sn=70e76a2d8abd09b04917e3043da073ef,2021年3月28日访问。

前言部分结合了《欧盟运作条约》,特别是其第114条,并借鉴了立法草案提交各国议会之后欧盟委员会、欧洲经济和社会委员会以及欧洲区域委员会的建议,以及欧洲议会和欧盟理事会按照普通立法程序所提出的若干事项。前言部分包括出台本法案的背景、宗旨、主要内容、适用范围和现实意义等。

正文部分涉及对欧盟网络和信息安全署(ENISA)的职能和任务的重新定位,以及为信息和通信技术(ICT)等产品创建一个欧洲网络安全认证框架等事项所作的具体规定。附则部分是关于获得认证资格的评估机构应当满足的条件或要求。

(二)欧盟新版网络安全法的具体内容

1. ENISA职能的调整与拓展

《网络安全法案》的首要制度革新就是指定ENISA为永久性的欧盟网络安全职能机构。

ENISA最初创立于2004年,当时是一个临时性的欧盟机构,负责欧盟的网络和信息安全。但是随着全球和区域网络安全问题的不断出现,该机构的职能逐渐得到拓展。现在的ENISA可以组织欧盟网络威胁演习,以测试欧盟面对威胁的恢复能力,该机构也为国家性的计算机安全事件应对小组提供支持,且提供了一个分享信息和最佳实例的平台。

该法案正文内容第一条即明确ENISA的任务目标:采用欧洲网络安全认证系统的框架,以确保欧盟ICT产品、ICT服务或ICT流程具有足够的网络安全水平,同时避免欧盟内部市场在网络安全认证计划方面产生分歧。同时也对任务实施的范围进行了限定,即不得妨碍成员国在公共安全、国防、国家安全和国家刑事领域的管辖权,且不与其他关于自愿或强制性认证的欧盟法律的具体规定相冲突。在此基础上,ENISA执行本法案赋予的各项职权,积极支持成员国、欧盟机构、机构办事处改善网络安全,以实现整个欧盟的共同一致的网络安全水平。

2. 跨境事件的联合处理

该法案前言部分即对跨境事件的联合处理有所提及，ENISA应有助于在欧盟范围内对危机和跨境事件作出适应网络安全风险规模的全面反应。这项任务应按照法案赋予它的职能和成员国在欧盟委员会第2017/1584号决议中的承诺予以实现，可以包括收集有关信息、充当计算机安全事件应对小组网络和技术界之间的促进者和负责危机管理的决策者等。

此外，在一个或多个成员国提出请求时，ENISA应支持成员国之间的业务合作，从技术角度处理事件，促进成员国之间有关技术解决办法的交流，并为公共宣传提供投入。ENISA应通过定期网络安全演习测试此类合作安排，以支持业务合作。

该法案正文部分第4条对ENISA的目标进行规定时强调，ENISA应提高欧盟层面的网络安全能力，以支持成员国在预防和应对网络威胁方面特别是在发生跨境事件时的联合行动力。同时，该法案还对ENISA在欧盟和成员国层面针对与网络安全相关的大规模跨境事件的具体合作方式作出了规定，具体包括：第一，汇总和分析公共领域或自愿共享的国家来源报告，以便帮助建立对情况的共同认识；第二，确保计算机安全事件应对小组网络与欧盟一级的技术和政治决策者之间的信息有效流动和提供升级机制；第三，按需促进此类事件或危机的技术管理，特别是支持分享此类事件或危机成员国之间的自愿性技术解决办法；第四，支持欧盟机构、机构办事处和业务部门，并应成员国的要求，在与此类事件或危机有关的公共通讯中提供支持；第五，审查在欧盟一级应对此类事件或危机的合作计划，并应其要求，支持成员国在国家一级测试此类计划。

3. 专业化、基础性服务

《网络安全法案》强调，网络和信息系统能够支持民众生活的各个方面，并推动欧盟的经济增长，是实现数字单一市场的基石。

为更好地保护计算机系统、通信网络、数字产品、服务和设备中关键基础设施的经营者，使其免受网络威胁，ENISA应作为网络安全相关事项中欧盟部门具体政策和法律举措的咨询意见、专门知识的参考点，定期向欧洲议会通报其活动。

同时，在支持业务合作方面，ENISA应通过结构化合作利用欧盟网络应急响应小组提供的技术和业务专门知识。这种结构化合作可以基于ENISA的专业知识，应酌情在两个实体之间作出专门安排，以确定这种合作的实际执行情况，避免活动重复。

为了提高欧盟的网络安全复原力，ENISA应发展基础设施网络安全领域的专门知识，特别是支持欧盟第2016/1148号指令附件二所列部门和供应商使用的部门，提供该指令附件三所列的咨询意见、发布指南和交流最佳做法的数字服务。为了便于获得关于网络安全风险和可能解决方案的系统性信息，ENISA应开发和维护欧盟的"信息中心"。

4. 增强公民网络安全意识

当下欧盟公民、组织和企业使用网络和信息系统的现象十分普遍，数字化和连接正在成为越来越多的产品和服务的核心特征，随着物联网的出现，连接的数量也越来越多。网络安全不仅是一个技术问题，而且是一个行动问题。因此，欧盟应大力推广"网络卫生"，即通过普惠的日常教育、培训等方式，促进公民、组织等社会团体提高网络安全意识，尽量减少他们受到网络威胁的风险。同时，大力发展网络安全和信息文化，营造良好的网络安全氛围，在日常生活中造福公民、消费者、企业和公共管理部门。

鉴于ENISA协助制定和更新欧盟一级的网络和信息系统安全战略的需要，它还应致力于满足培训和材料需求，并依据公民数字技能框架进行"培训员的培训"，以协助成员国和机构、机构和欧盟机构在发展自主培训能力方面的工作。

ENISA应帮助提高公众对网络安全风险的认识，包括通过促进教育，在整个欧盟开展提高认识运动，并针对公民、组织和企业的个人用户提供良好公关方面的指导。ENISA 还应通过信息收集和分析，推广公民、组织和企业层面的最佳做法和解决方案，公开有关重大事件的信息，并为公民、组织和企业编写与发布报告和指导，以提高他们整体的准备和恢复力水平。

ENISA 要促进提高网络安全意识。该法案第十条对此做了具体规定：第一，提高公众对网络安全风险的认识；第二，与成员国、欧盟机构、机关、办事处和相关行业开展合作，定期开展宣传活动，以增加网络安全及其在国际电联中的知名度，并鼓励进行广泛的公众辩论；第三，协助成员国努力提高网络安全意识并促进网络安全教育；第四，支持成员国之间就网络安全意识和教育进行更密切地协调和交流。

5. 网络安全认证制度、合格评定机构的资格标准

《网络安全法案》还涉及网络安全认证制度、合格评定机构的资格标准等特色制度设计。

（1）网络安全认证制度。欧盟 2019 年《网络安全法案》列出了最终确定网络安全认证框架所需的基本要素：第一，认证框架需要国家级的评估机构，并确保他们具备评估产品的技术能力；第二，认证框架需要明确定义的评估标准和准则，以监控产品是否符合要求，再授予和更新网络安全认证。网络认证框架还要能够报告和处理以前未检测出的漏洞。

《网络安全法案》考虑到了实施认证系统的不同方法，例如私企可以针对预先发布的标准，对产品一致性进行自评，然后再执行认证。但这一做法并不完善，因为自认证过程可能会不够客观。

另一种方式是，ENISA 和国家级监管机构执行一个"端到端"的认证过程，包括认证检查和差评测试。虽然这样比较客观，但是耗时费力，成本也更高。因此，最终的方案可以是根据产品类型将两种方法以不同方式组合在一起使用。

（2）合格评定机构的资格标准。《网络安全法案》对评定机构的

性质做了界定。合格评定机构是根据国家法律设立的、具有法人资格、独立于其评估的组织或 ICT 产品、ICT 服务或 ICT 流程之外的第三方机构。

如果属于代表参与设计、制造、供应、装配、使用或维护信息和通信技术产品的企业的商业协会或专业联合会，它可被视为符合资质的评估机构，但须证明其独立性和不存在任何利益冲突。

如果合格评定机构是由公共实体或机构拥有或经营的，则应确保其与国家网络安全之间的独立性和无任何利益冲突。

合格评定机构及其工作人员开展合格评定活动，需具有高度的专业诚信和技术能力，不受其他任何可能影响他们的判断或评估活动的外界压力、财务激励的干扰。

此外，该法案还对具体负责进行合格评定活动的人员标准做出了规定：具有扎实的技术和经过专业培训；对所进行的合格评定的要求和进行这些评估的适当权力的要求有充足了解；充分了解和理解适用的测试要求和标准；能够起草证明已进行一致性评估的证书、记录和报告。[①]

三、小结

《网络与信息安全指令》是欧盟在网络信息安全领域最重要的规则，也是欧盟首部网络安全法。该指令是方向性的顶层设计制度，侧重于保护社会发展的一大核心因素——关键信息基础设施。该指令的核心内容体现在成员国、欧盟和私营企业三个层面，即在成员国层面提升各国网络空间安全保障能力，在欧盟层面增进成员国间的联动协作，在私营企业层面增设网络安全义务。并通过上述三个方面保障网络与信息系统有能力抵抗针对信息或者相关服务所采取的破坏措施。

---

① 吴沈括、黄伟庆：《全面解读欧盟〈网络安全法案〉》，https://www.secrss.com/articles/12012，2021 年 3 月 28 日访问。

欧盟《网络安全法案》是欧盟颁布的网络安全领域加强欧盟各国合作的重要战略法案。与《网络与信息安全指令》不同，《网络安全法案》规制的对象主要是欧盟各相关机构，尤其是对 ENISA 的职能进行了详细的规定。《网络安全法案》在内容上不仅有对 ENISA 这一机构任务、目标等的详细规定，还包含跨境事件的联合处理、专业化和基础性服务建设、公民网络信息安全意识的教育和引导等方方面面。本法案的最大亮点在于欧盟一级的网络安全认证框架的制度构建，既有利于统一标注，防止采用不同标准的成员国之间出现不必要的分歧，还能够促进成员国开发具有互操作性的产品，增强欧盟范围内消费者对相关认证产品的信任度，促进欧盟"单一市场经济"的深度发展。

第六节 欧盟的电子商务增值税和数字税

2017 年 12 月 5 日，欧盟在布鲁塞尔的欧盟经济和金融理事会议上，通过了关于电子商务的增值税改革方案，计划分别于 2019 年和 2021 年分两步推行增值税新政。改革计划涉及的电子商务主要有两部分，一是欧盟成员国内部相互的在线销售，二是其他国家对欧盟国家的在线销售。①

一、电子商务增值税规则

2017 年 12 月 5 日，欧洲议会通过了一系列简化电商依法缴付增值税程序的新法律，包括《关于服务增值税义务和货物远程销售的指令》《关于实施增值税共同体系措施的规定》《关于增值税行政合作和打击欺诈的规定》。②

---

① 董旸：《欧盟电子商务增值税新政初探》，载《国际税收》2018 年第 2 期。
② https://ec.europa.eu/taxation_customs/business/vat/vat-e-commerce/modernising-vat-cross-border-e-commerce_en#ecl-inpage-74，2021 年 11 月 2 日访问。

新法律延续了欧盟全境内现存的增值税跨境门槛——小额单笔消费规则，即低于此门槛无须缴增值税。而且他们给来自第三国的跨境销售建立了一个低于150欧元的新门槛。这会降低从电商到买家的增值税操作费用。增值税将由购物者所在欧盟成员国收缴，这样保障了欧盟成员国比较公平地分配税收。此外，新法律更能确保网上销售平台在跨境销售时征收增值税。虽然这并不是新法律的初衷，但是已成为这一系列法律出台的重要效果。目前大部分通过电商进口到欧盟国家的商品都不缴增值税，这造成了对欧盟商家的不平等竞争。

欧盟网上跨境销售中的逃避增值税总金额估计每年约50亿欧元，而新法律中的一些规定会使逃税金额下降。

小额单笔消费将使电商免于向商品买方成员国注册增值税。根据欧盟议会的统计，如果向商品买方成员国注册增值税，电商对每一个买方欧盟成员国都收取约8000欧元的费用；新法律估计会使电商的管理费用降低95％。欧盟议会估计，小额单笔消费总计将会为电商节省23亿欧元，同时为欧盟成员国增加70亿欧元增值税收入。

对新手和小微企业来说，这些新规定对他们简化商务操作尤其重要。年跨境销售低于10000欧元的电商仍然可以依据自己所在国的增值税法经营。

另外，新法律取消了一项寄售增值税豁免，即取消了从欧盟以外寄来的低于22欧元的商品免征增值税的规定。此前被免征增值税的小额寄售约有一亿五千万件进入欧盟，而目前的系统对此无能为力，由于进入欧盟的小额进口商品可以免增值税，因此很多时候货物的价格会被人为打低而逃避增值税。

新法律要求在2019年前实施简化在欧盟内进行电子服务的程序；在2021年以前对跨境销售延长单笔消费，这项规定同时对在欧盟之内销售和从第三国进入欧盟的销售有效。①

二、欧盟数字税

在数字税方面，2018年11月6日，欧盟在布鲁塞尔举行成员国财长理事会会议，讨论向美国谷歌和苹果等科技巨头象征性征收的数字税议案。会后，时任奥地利财长勒格表示，欧盟成员国未能就开征数字税达成共识，目前已有十几个国家提出了个别征税方案。此外，欧盟拟对大型科技公司征收3%销售税的计划，在丹麦、爱尔兰和瑞典等北欧国家表示不能支持的情况下，被迫搁浅。②

截至2020年9月，欧盟仍未就相关数字税问题达成一致。2021年7月12日，欧盟委员会表示，欧盟决定暂缓推出原定7月底出台的数字税征收计划，并将于2021年秋季重新评估该计划。在重新评估数字税征收计划前，欧盟将优先专注于达成全球最低企业税率的谈判。③

第七节 欧盟与其他国家的跨境数字贸易规则

一、欧美安全港协议与隐私盾协议

（一）被废除的安全港协议

安全港协议的废除源于施雷姆斯案。在该案中，欧洲法院认为，根据2000/520/EC号决定，美国事实上未能依照其国内法或国际承诺达到充分保护标准。根据2000/520/EC号决定附件Ⅰ第2段可知，安全港机制是"美国企业为了符合安全港的条件和满足'充分性'

---

① VAT on Electronic Commerce: New Rules Adopted, https://www.consilium.europa.eu/en/press/press-releases/2017/12/05/vat-on-electronic-commerce-new-rules-adopted，2021年4月12日访问。

② 刘思佳：《欧盟成员国未能就开征"数字税"达成共识》，http://www.chinanews.com/kong/2018/11-08/8671287.shtml，2021年3月28日访问。

③ 陈文仙、李骥志：《欧盟宣布暂缓推出数字税征收计划》，http://www.xinhuanet.com/2021-07/13/c_1127650880.htm，2021年7月12日访问。

标准的推断接收来自欧盟的个人数据",这些原则仅适用于自我认证的美国企业接收来自欧盟的个人数据,美国公共机构并不受到这些原则的约束。欧洲法院认为,2000/520/EC号决定对从欧盟传输到美国的数据中个人基本权利的损害没有进行任何规定,当国有实体追求涉及像国家安全的合法利益时,造成的损害将被处于授权范围之内。2000/520/EC号决定中也没有涉及造成此类损害的有效法律保护机制。该协议限于商业范畴,适用于美国私权争议解决机制,并不适用于由政府行为导致的基本权利的法律争议。

2015年10月6日,欧盟法院一纸判决否决了安全港协议的效力,数千美国企业跨大西洋转移欧盟公民个人数据的行为失去法律依据。直到2016年2月2日,在深度讨论了2年后,欧盟和美国达成了数据跨境流动和保护的新框架——欧美隐私盾协议。该协议回应了欧洲法院在2015年"施雷姆斯案"判决时提出的要求。①

2016年的欧美隐私盾协议替代了之前的安全港协议。隐私盾协议的重点是"斯诺登事件"中出现的问题,即美国政府向美国企业索取大量个人数据。对此,欧盟要求在安全港协议的基础之上,增加个人数据保护的救济机制和执法监督等机制:(1)增加四个监督机构,包括美国司法部、美国国务院、美国国家安全局和监察室;(2)欧美共同成立个人数据申诉的争议终局解决机制——仲裁机构;(3)美国企业自愿上报数据跨境转移后是否转移给美国政府;(4)隐私盾协议每年一审,如不能通过,欧盟委员会有权单方面停止该协议的执行。②

---

① 谢永江、朱琳、尚洁:《欧美隐私盾协议及其对我国的启示》,载《北京邮电大学学报(社会科学版)》2016年第6期。
② 张金平:《美欧跨境数据转移谈判及其启示》,https://mp.weixin.qq.com/s?_biz=MzU0MjExOTQ1NA%3D%3D&chksm=fb1ec0bccc6949aa3e1affd3bbd2fa8e4e8e1b70e5155e53c1ff2f9d034f992f9df395877b94&idx=1&mid=2247484365&scene=21&sn=6329c6909d4847cc47bfb4c3d5ca2a65,2021年3月28日访问。

(二) 欧美隐私盾协议

1. 隐私盾协议概述

隐私盾协议的性质是欧盟和美国官方的行政分支条约，它的主体包括美国商务部公布的一个框架原则声明和六封来自内阁官员的信。核心是对大西洋两岸跨境转移个人数据的隐私保护进行规范，主要是对美国公司的约束。具体要求是美国公司可以选择与美国商务部达成一个包含示范条款的合同协议，采用包含隐私盾原则的公司规则，或者选择与单独的欧洲公民达成明晰的知情同意书。隐私盾协议在美国主要应用于那些从欧盟获得个人数据并希望获得隐私盾权益的美国公司，其框架原则并不影响欧盟成员内部的数据处理或者改变美国法律下的隐私义务。[1]

相较于之前的安全港协议，美国在隐私盾协议中作了如下几方面的承诺和让步。第一，对向美国转移数据的企业设置更加严苛的义务：一是"对外转移数据原则"改为"对外转移数据的责任原则"，增加"责任"二字凸显企业的内部审核责任；二是"执行原则"改为"救济、执行与责任原则"，强调企业必须给数据权利提供有效的救济措施，并每年自审一次。第二，美国政府部门承诺履行更加严格的职责：一是美国国家情报总监书面保证美国政府获取欧洲公民的个人数据时会受到《美国第 12333 号执行令》和《美国总统第 28 号政策指令》的限制；二是时任美国国务卿克里书面承诺在国务院内部成立隐私监察使（ombudsperson），该监察使独立于国家安全部门，有权独立处理欧洲公民有关美国政府部门是否获取欧洲公民个人数据的申诉。第三，专门强调对欧洲公民申诉的多种救济途径：一是企业设置隐私官在 45 日之内处理申诉；二是企业提供免费的替代性纠纷处理方案；三是欧洲公民向本国数据保护局提出申诉，由该局向美国商务部或联邦贸易委员会移交申诉，后者在 90 日

---

[1] 曹杰、王晶：《跨境数据流动规则分析——以欧盟隐私盾协议为视角》，载《国际经贸探索》2017 年第 4 期。

之内作出答复;四是欧美联合设置一个隐私保护小组,下设一个仲裁小组作为申诉的最终解决机制。另外,隐私盾协议还附有美国联邦贸易委员会、交通部和司法部三大部门有关执行该协议的承诺书。上述承诺书都在美国联邦登记处公开。[1]

2. 隐私盾协议对安全港协议的承继与变革

(1) 隐私盾协议对安全港协议的承继。作为安全港协议的替代品,隐私盾协议在许多方面与安全港协议具有较大的相似性,可以说二者之间存在着明显的承继关系。首先,从宗旨上来看,安全港协议和隐私盾协议都旨在为美欧商业贸易中的个人数据转移提供便利,同时确保这些数据的安全。其次,从性质上来看,由于美国和欧盟在个人数据保护的方式、力度和利益等方面存在一定的差异和分歧,因此,这两份协议从很大程度上说是美欧相互妥协和折中的产物。最后,从执行上来看,隐私盾协议的运作方式与安全港协议大致相同,例如美国公司对隐私盾协议的认证行为仍会采取自愿接受的方式,并遵守与安全港协议相同的七项隐私原则。可以说,对依附在这些数据之上的个人隐私权的保护,其主动权仍掌握在美国手中。

(2) 隐私盾协议对安全港协议的变革。首先,在数据加工主体的责任及其履行方面,隐私盾协议的规定较安全港协议更加透明,标准也更加严格。例如,在对来自欧盟的个人数据进行加工以及保护相关数据主体的权利方面,美国公司不仅必须公示其"入盾"承诺、公开其隐私政策,还要完成定期自证审查,并接受美国联邦相关部门的监督和调查。此外,隐私盾协议还以严厉的惩罚措施为后盾,以确保目标公司严格遵守其所承诺的法律责任。

其次,在行政权力设置方面,隐私盾协议首次要求美国政府向欧盟递交书面声明,并确保行政机构在法律执行、维护国家安全和

---

[1] 张金平:《跨境数据转移的国际规制及中国法律的应对——兼评我国〈网络安全法〉上的跨境数据转移限制规则》,载《政治与法律》2016年第12期。

保障公共利益活动中,有明确的权力范围、保障与监管机制。根据协议,美国还会任命一个独立于国家安全机构的监察员,并由其专门负责对欧盟数据主体提供救济措施。更为重要的是,该项救济措施不仅适用于隐私盾协议管辖范围内的被转移数据,而且适用于所有因商业目的转移到美国的个人数据,且不论转移这些数据的网络基础设施的具体情况为何。

再次,在隐私权保护方面,隐私盾协议为欧盟境内的数据主体提供了多重救济措施。根据协议,任何一位欧盟公民,只要其认为自己的个人数据已被滥用,即可通过一些便利且低成本的途径,例如免费的替代性纠纷解决机制等获得救济。在收到投诉的情况下,隐私盾协议项下的目标公司需要在规定的期限内作出回应。倘若投诉始终不能获得解决,则"隐私盾"专家组将针对被投诉的公司做出裁决。而一旦上述救济措施失效,数据主体还享有一项终极性的被救济权,即向"隐私盾"专家组求助,并由后者向美国的"隐私盾"目标公司作出有约束力和执行力的争端处理决定。

最后,隐私盾协议的一个突出亮点还在于,其设置了一项年度联合审查机制,用以监督并确保隐私盾协议的正常运作,并由欧盟委员会和美国商务部共同执行。如果美国企业和政府部门未能履行其承诺,欧盟委员会就将暂停隐私盾协议的运作。①

自 2016 年 8 月 1 日起,美国公司可以在隐私盾协议下自行认证。但美国政府和欧洲议会议员的行动,以及数据隐私活动人士对"隐私盾"的挑战仍不断出现。2017 年 4 月 6 日,欧洲议会通过了一项决议,规定必须紧急修复"隐私盾"的缺陷。此外,还有 2016 年提起的有关爱尔兰及法国的案例对"隐私盾"造成挑战。欧盟委员会在 2017 年 9 月进行了首次年度审查,这一审查是由欧盟和美国官员共同进行的,欧盟面临政治压力,要求确保彻底审查"隐私盾"缺陷和弱点。2017 年 9 月 21 日,欧盟专员和美国商务部部长发表联

---

① 刘碧琦:《美欧〈隐私盾协议〉评析》,载《国际法研究》2016 年第 6 期。

第五章
欧盟数字贸易规则的发展

合声明，表示欧盟和美国将继续致力于"隐私盾"发挥作用。

3. 隐私盾协议被欧洲法院宣告无效

2020 年 7 月 16 日，欧洲法院就"数据保护委员会诉爱尔兰'脸书'及施雷姆斯案"做出判决[①]，否定了欧美隐私盾协议的效力。这一判决使位于美国的公司突然之间失去了从欧洲获取商业数据的重要途径，给欧美之间的经贸往来和数据流动造成了不小的障碍。

该案来源于奥地利的法学生施雷姆斯对于个人数据保护的捍卫。早在 2013 年，他就以数据从爱尔兰"脸书"转移到美国"脸书"服务商时未受到充分保护为由，将爱尔兰公司投诉到爱尔兰数据保护委员会（DPC）处。此次投诉以欧洲法院判决安全港机制无效而胜利告终。

安全港协议失效后，2015 年 12 月 1 日，施雷姆斯又修改投诉，认为"标准合同条款"并不能确保"脸书"将欧盟个人数据转移到美国的正当性，美国没有充分保护欧盟数据主体的权利。爱尔兰数据保护委员会将此案移交给了爱尔兰高等法院，而高等法院又于 2018 年将该案移交给了欧洲法院。高等法院在将该案件移交给欧洲法院时，要求对 11 个问题作出初步裁决，其中包括关于第 2010/87 号决定（标准合同条款）和第 2016/1250 号决定（隐私盾）的有效性问题。[②]

在这次判决中，欧洲法院主要基于以下两点原因判决隐私盾协议无效：（1）美国政府公权力下的政府监控项目在实际操作中并没有满足欧盟法律规定的严格必要（strictly necessary）及与目的成比例（proportional），因此并不符合《欧洲联盟基本权利宪章》第 52 条的规定；（2）针对美国的监控，欧盟数据主体缺乏可行的司法赔

---

① Case C-311/18, Data Protection Commissioner v. Facebook Ireland Ltd & Maximillian Schrems.

② Shreya Tewari, Schrems II: A Brief History, An Analysis and The Way Forward, https://inforrm.org/2020/07/23/schrems-ii-a-brief-history-an-analysis-and-the-way-forward-shreya-tewari/，2021 年 2 月 27 日访问。

偿救济,因此在美国并不存在有效的《欧洲联盟基本权利宪章》第47条的救济。①

但是,欧洲法院承认标准合同条款的合同性质,虽然其只能约束数据进出口双方,不能约束数据接收国的政府公共机构,但这并不必然导致标准合同条款失效。数据接收国的政府公共机构出于"民主社会"下的国家安全、国防、公共安全目的对个人数据在"必要程度"下的数据访问,并不与标准合同条款冲突;一旦超出"必要程度",才会违反标准合同条款。

因此,隐私盾协议无效后仍然有标准合同条款和约束性公司规则可用于传输跨国数据。依据《通用数据保护条例》,有三种传输数据的途径:一是基于充分性决定,欧盟委员会通过颁布实施法案认可第三国或国际组织具有数据保护程度充分性的,传输无需特别任何授权。二是基于适当保障,在控制者或处理者已提供适当保障,并且数据主体可获得可强制执行的数据主体权利和有效法律救济的条件下,控制者或处理者方可向第三国或国际组织传输个人数据。三是基于有效的国际条约,这适用于要求控制者或传输者传输或披露个人数据的法院判决、仲裁庭裁决和第三国行政机关决定的情形。

二、与其他国家的自由贸易协定

在数据流动和数据保护方面,除了与美国签订了隐私盾协议之外,欧盟与其他国家签订的数据相关保护主要体现在双边自由贸易协定中。例如,欧盟与加拿大和日本签订的自由贸易协定中就使用了"相互充分决定"来实施数据保护,而有关数据传输和数据隐私保护的具体细节,还有待与其他国家积极磋商。

---

① Case C-311/18, Data Protection Commissioner v. Facebook Ireland Ltd & Maximillian Schrems.

第五章
欧盟数字贸易规则的发展

1. 欧日互相作出"充分性决定"

2018年7月17日，欧盟和日本成功地结束了关于对等充分决定的谈判，他们同意承认彼此的数据保护系统是"对等的"，他们会允许数据在欧盟和日本之间安全地流动。双方现在都启动相关的内部程序，以通过其适当性的调查结果。就欧盟而言，这涉及从欧洲数据保护委员会获得意见，以及由欧盟成员国代表组成的委员会的批准。一旦这一程序完成，委员会将通过关于日本的充分性决定。

这种相互充分的安排将在高度保护个人数据的基础上，创造世界上最大的数据安全传输领域。根据欧盟隐私标准，欧盟公民在将数据转移到日本时受益于对其个人数据的有力保护。此安排将作为"欧盟—日本经济合作协议"的补充，欧洲公司将受益于与这一重要商业合作伙伴的不受限制的数据流动，并获得对1.27亿日本消费者的特权访问。根据该协议，欧盟和日本确认，在数字时代，促进高隐私标准和促进国际贸易是相辅相成的。在《通用数据保护条例》下，充分性决定是确保安全稳定数据流动的最直接方式。

欧盟和日本相互承认相同水平的数据保护，这也涵盖为商业目的交换的个人数据，确保数据在所有传输中应用高水平的数据保护。为达到欧洲标准，日本承诺在欧盟委员会正式通过其适当性之前，实施以下附加保障措施，以保护欧盟公民的个人数据：

第一，为欧盟公民个人数据转移到日本制定一套规则，并附加保护措施，以弥合两个数据保护系统之间的若干差异。这些额外的保障措施将加强对敏感数据的保护，增加欧盟数据从日本进一步转移到另一个第三国的条件，以及个人访问和纠正的权利。这些规则将对从欧盟进口数据的日本公司具有约束力，并由日本独立数据保护机构和法院强制执行。

第二，制定一种投诉处理机制，用于调查和解决欧盟公民对日本公共当局获取其数据的投诉。这一新机制将由日本独立的数据保护机构管理和监督。①

根据欧盟的程序性规定，2019年3月19日，欧洲议会和理事会作出了对于日本充分性认定的决定。该决定由序言、四条正文以及两个附件组成，附件内容分别是日本相关个人信息保护法案关于保护个人信息以根据充分性决定处理从欧盟转移的个人数据的补充规则，以及日本公共当局为刑事执法和国家安全目的收集和使用个人信息的承诺。

2."充分性认定的决定"的主要内容

第1条：(1)就第（EC）2016/679号条例第45条而言，日本确保对从欧盟转移到日本的个人信息处理业务运营商的个人数据提供足够的保护，并遵守《个人信息保护法》附件一所列的补充规则，以及附件二所载的官方陈述、保证和承诺。(2)该决定不包括转移给属于以下类别之一的接收人的个人数据，只要处理个人数据的全部或部分目的分别符合列出的目的之一：a.广播机构、报纸出版商、传播机构或其他新闻机构（包括作为其业务开展新闻活动的个人），只要他们处理个人数据是用于新闻目的；b.从事专业写作的人员，只要涉及的是个人数据；c.大学和任何其他旨在进行学术研究的组织或团体，或属于该组织或团体的任何人，只要他们是为学术研究目的处理个人数据；d.宗教团体为宗教活动（包括所有相关活动）处理个人数据；e.政治机构为其政治活动（包括所有相关活动）处理个人数据。

第2条：如果成员国主管当局为了保护个人处理其个人数据，根据第（EC）2016/679号条例第58条行使权力，导致在第1条规定的适用范围内暂停或明确禁止日本特定业务运营商的数据流动，

---

① The European Union and Japan Agreed to Create the World's Largest Area of Safe Data Flows, https：//ec.europa.eu/cyprus/news/20180717_en#：~：text=The%20European%20Union%20and%20Japan%20agreed%20to%20create，flow%20safely%20between%20the%20EU%20and%20Japan.%2017%2F07%2F2018，2021年4月12日访问。

第五章
欧盟数字贸易规则的发展

相关成员国应立即通知委员会。

第3条：(1)委员会应不断监测本决定所依据的法律框架的适用情况，包括继续进行传输的条件，以评估日本是否继续确保第1条所指的适当保护水平。(2)欧盟成员国和委员会应相互通知个人信息保护委员会或任何其他日本主管当局未能确保遵守本决定所依据的法律框架的情况。(3)欧盟成员国和委员会应相互通知任何迹象表明日本公共当局干涉个人保护其个人数据的权利超出了严格必要的范围，或者没有有效的法律保护来防止此类干扰。(4)自本决定通知之日起两年内，至少每四年一次，欧盟委员会应根据所有可获得的信息，包括作为一部分收到的信息，评估第1条第(1)款中的结论。联合审查与日本有关当局共同进行。(5)如果欧盟委员会有迹象表明不再保证足够的保护水平，委员会应通知日本主管当局。如有必要，它可以决定暂停、修改或废除本决定，或限制其范围，特别是在有迹象表明：a.根据本决定从欧盟获得个人数据的日本经营者不遵守本决定附件一所载补充规则中规定的额外保障措施，或者在这方面没有足够的监督和执法；b.日本公共当局不遵守本决定附件二中的陈述、保证和承诺，包括日本公共当局为刑法执行或国家安全目的而根据本决定转移和获取个人数据的条件和限制。如果日本政府缺乏合作使欧盟委员会无法确定本决定第1条第(1)款中的结论是否受到影响，委员会也可提出此类措施草案。

第4条：这项决定是向欧盟成员国提出的。欧日正为实现更紧密的数据隐私合作努力。日本政府已向欧盟郑重承诺，日本当局为了国家安全或执法目的而访问个人数据的行为，将以负责任的方式进行，且任何此类请求均受独立监督和投诉机制的约束。该决定的一个关键部分就是建立投诉处理机制，以调查和解决欧盟公民对日本公共机构访问其数据的投诉，这一新机制将由日本独立数据保护机构负责管理和监督。推动充分性决定的另一个主要因素就是日本立法者对其隐私法的改革，这一针对日本境内外数据跨境传输所制定的严格规定已于 2017 年 5 月 30 日生效。此外，主要负责监管和保护日本个人信息的政府机构——个人信息保护委员会（PIPC）的成立也是协调欧盟和日本隐私标准差距的关键一步。①

三、欧盟向 WTO 的数字提案②

2019 年 4 月 26 日，欧盟驻 WTO 代表团提交了一份关于全球电子商务规则的官方提案。该提案属于正在进行中的 WTO 电子商务谈判的一部分。谈判共有 77 个 WTO 成员方参加，旨在更新现有法规，从而适应 WTO 成立以来前所未有的技术进步。谈判已经启动，主要由欧盟推动，美国、中国等国家都参与其中。

该提案共由四项内容组成：第一项是欧盟关于本次 WTO 电子商务谈判欧盟提交提案的介绍；第二项是具体 WTO 电子商务规则的案文提案；第三项是关于修订 WTO 关于电信服务的参考文件；第四项是市场准入请求相关内容。

该提案涵盖电子合同、电子认证和电子签字以及保护消费者等。

关于通过互联网签订的电子合同问题，欧盟的提议是，WTO 成员方必须允许通过电子手段签订合同，并且其法律制度既不应给使用电子合同制造障碍，也不应导致合同被剥夺。法律效力和有效性完全基于它们是通过电子手段进行的。

与电子合同相关的是电子签字问题。欧盟的提案旨在确保 WTO 成员方不得仅仅因为签字是电子形式的，就在电子签字的法律诉讼程序中否认其法律效力和可受理性。在这方面，成员方应确保不阻止电子交易各方：（1）相互确定其交易的适当电子认证方法；（2）能

---

① 驻欧盟使团经商参处编译：《欧委会通过日本充分性决定 全球最大数据安全流动区诞生》，http://www.mofcom.gov.cn/article/i/jyjl/m/201901/20190102831969.shtml，2021年 7 月 10 日访问；《欧洲和日本正在紧密合作创建"世界上最大的安全数据流区域"》，https://www.secrss.com/articles/5131，2021 年 7 月 10 日访问。

② Joint Statement on Electronic Commerce EU Proposal for WTO Disciplines and Commitments Relating to Electronic Commerce, https://trade.ec.europa.eu/doclib/docs/2019/may/tradoc_157880.pdf，2021 年 4 月 12 日访问。

第五章
欧盟数字贸易规则的发展

够向司法和行政当局证明在该交易中使用电子认证或电子签字符合适用的法律要求。

欧盟的提案强调了与消费者在线交易时保护消费者的规定，认识到加强消费者保护对电子商务信任的重要性，它指出，成员方应采取和保持措施，保护消费者在从事电子商务交易时免受欺诈和欺骗性商业行为的侵害。

此外，WTO成员应考虑采取或维持以下措施：（1）要求贸易商本着诚意行事；（2）要求交易商提供有关货品或服务以及合约条款的准确资料；（3）准许消费者获得补救。该提案指出，成员方应认识到彼此的消费者保护机构或其他相关机构之间合作的重要性，以保护消费者并增强在线消费者信任。

该提案还涉及未经请求的商业电子讯息。这些消息是出于商业目的而使用电信服务发送的，包括电子邮件，并且在国内法规定的范围内，还包括其他类型的电子消息。欧盟建议WTO成员方采取和保持措施，保护消费者免受未经请求的商业电子讯息的侵扰。为达此目的：（1）根据法律和法规的规定，应要求接受者同意接收商业电子信息；（2）应要求商业电子讯息供应商协助接收者阻止持续接收此类讯息。此外，该提案还规定必须提供补救措施。

关于关税，该提案指出，WTO成员方不得对电子传输征收关税，包括传播的内容。

该提案的另一个主要领域是对欧盟的重要保护，即保护个人数据和隐私。个人数据是指与已识别或可识别的自然人有关的任何信息。要求成员方认识到保护个人数据和隐私是一项基本权利，这方面的高标准有助于增加对数字经济和贸易发展的信任。

成员方可以采用和维护他们认为适当的保障措施，以确保个人数据和隐私的保护，包括通过和应用跨境转移个人数据的规则。

欧盟提案探讨的其他领域包括：解决阻碍跨境销售的障碍，禁止强制性源代码披露要求，坚持开放互联网接入原则，以及改善电信和计算机相关服务的市场准入承诺。

2019年5月3日，欧盟委员会在其官网发文称，经济的数字化和电子商务的快速增长正在对发达国家和发展中国家的企业和消费者产生巨大影响。尽管数字贸易快速增长，但目前还没有多边规则来规范这种贸易。企业和消费者不得不依赖一些国家在双边或区域贸易协定中商定的拼凑规则。欧盟认为，全球贸易政策应对措施可以最有效地解决数字贸易带来的全球机遇和挑战。

因此，欧盟完全致力于推动WTO刚刚开始的电子商务谈判。它将寻求与尽可能多的WTO成员方就商业上有意义的电子商务规则进行谈判。为此，欧盟就一系列广泛的规则和承诺提出了初步谈判提案，主要包括以下内容：（1）保证电子合同和电子签字的有效性；（2）加强消费者对在线环境的信任；（3）采取措施有效打击垃圾邮件；（4）解决阻碍当今跨境销售的障碍；（5）解决强制数据本地化要求，同时确保个人数据的保护；（6）禁止强制性源代码公开要求；（7）永久禁止电子传输的关税；（8）坚持开放互联网接入的原则；（9）升级现有的WTO电信服务规则，确保它们适合支持当今充满活力的互联网生态系统，这是电子商务的主要推动者；（10）改善电信和计算机相关服务的市场准入承诺。①

四、小结

从废除安全港协议到隐私盾协议的谈判，都体现了欧盟对个人数据保护的强烈关注。作为《通用数据保护条例》之外欧盟与其他国家单独签订的针对数据流动问题的协议，隐私盾协议最大限度地保护了欧盟公民的数据隐私权，只有符合隐私盾协议的相关条件，美国公司才能继续把欧盟公民的个人数据转移到美国。为有效规制

---

① Joint Statement on Electronic Commerce EU Proposal for WTO Disciplines and Commitments Relating to Electronic Commerce，https://trade.ec.europa.eu/doclib/docs/2019/may/tradoc_157880.pdf，2021年4月12日访问。

与美国之间的跨境数据流动，欧盟除赋予数据主体更强的权利能力，同时对数据控制者施加更重的义务要求外，还强化了自身数据主权和数据治理权，而这也预示着欧盟成员国政府在管控数据流动方面的权力获得进一步强化和提升。此外，为确保双方国际贸易往来的正常发展，美国针对欧盟的新举措作出了更大的让步和妥协，而这也是隐私盾协议成功实施的必要前提和保障。

而除了隐私盾协议之外，欧盟为了实现数字经济利益也陆续展开了和日本等国家的数据流动磋商。以欧盟与日本在经济伙伴关系磋商中所做的互相充分性认定为例，它反映了欧盟和日本意欲紧密合作创建"世界上最大的安全数据流动区域"的憧憬。在欧盟与日本互相将彼此认定为"充分性保护"标准的区域的基础上，日本也作出了积极的承诺，包括对隐私法的改革、对国内数据保护制度的完善、建立投诉处理机制等，这些行动也促成了欧盟愿意将其数据自由传输到日本。

2019年1月，WTO启动了有关全球范围电子商务规则的谈判，旨在于电子商务迅速发展的现状下，革新相关的法规，促进电子商务全球贸易的发展。欧盟作为主要的推动者，也迅速提交了相关意见提案，供各成员方一同讨论。

该提案基调上延续了欧盟的一贯价值选择，提议增强消费者对网上交易的信心，呼吁各国政府采用高标准的隐私保护措施，将个人数据隐私权作为一项基本消费者权利。同时，该提案还涵盖网络中立性规定、跨境数据自由流动等议题的条款，同时强调保护消费者的交易数据。此外，该提案在电子合同与电子签字、消费者保护、消除跨境销售障碍、反对强制数据本地化以及禁止关税等方面的提议也值得关注。